Trouble Shooting

Kozlik & Zirnbauer

FÜR GITARRE & BASS

TUNING
PFLEGE
REPARATUR

Voggenreiter

Umschlag: Dmitri Lavrow
Illustrationen: Kozlik/Zirnbauer/Renner
Fotos: Ines Zirnbauer
Noten/Satz: Grafische Werkstatt Renner, 78112 St. Georgen

ISBN: 3-8024-0239-1

Vorwort

Ich war 8 Jahre alt, als ich mein erstes Musikinstrument bekam: Eine gebrauchte Wandergitarre. Voller Eifer versuchte ich sofort, die ersten Griffe und Lieder einzuüben. Meine anfängliche Begeisterung wurde jedoch schnell durch geschwollene Finger und schnarrende, unsauber klingende Saiten gedämpft.
Nach 14 Tagen stellte ich die Gitarre enttäuscht in die Ecke. Wurde hier schon durch ein schlecht eingestelltes Instrument eine Musikerkarriere im Keim erstickt?
Im Laufe meiner Arbeit als Gitarrenbauer habe ich tagtäglich ähnliche Situationen erlebt. Musiker, vor allem Anfänger zweifelten an ihren musikalischen Fähigkeiten, anstatt ihr Instrument mal näher unter die Lupe zu nehmen. Meist stellt sich heraus, daß die Saitenlage zu hoch ist, falsche Saiten aufgezogen sind oder der Hals falsch eingestellt ist.

Dieses Buch soll all jenen eine Hilfe sein, die eine Gitarre (elektrisch oder akustisch) besitzen oder kaufen wollen, um:

- das Instrument selber einstellen zu können
- Kleinigkeiten, die beim Spielen nerven selber zu beheben
- alten, in die Ecke gestellten Instrumenten durch die richtige Einstellung eine neue Chance zu geben
- sein Instrument für die eigenen Soundvorstellungen zu modifizieren.

Dieses Buch will und kann kein Ersatz für einen kompetenten Musikhändler oder eine Reparatur-Werkstatt sein. Deshalb gibt es immer dort einen Hinweis, wo Du diese Arbeiten besser Fachleuten überläßt.

Nicht zuletzt soll Dir das Schrauben, Feilen und Einstellen auch Spaß und Freude machen.

Inhaltsverzeichnis

1.

Allgemeines

1. Allgemeines

1.1 Wie gehst Du mit dem Buch um?

Wir haben das Buch nach Instrumententypen (wie E-Gitarre, E-Bass,...) eingeteilt. Das hat den Vorteil, daß Du nur das Kapitel über Dein Instrument lesen brauchst und Dich nicht erst z. B. mit dem E-Bass beschäftigen mußt, wenn Du etwas über die klassische Gitarre wissen willst.

Jedes Kapitel über einen Instrumententyp ist in sich abgeschlossen. Natürlich gäbe es dann manchmal Wiederholungen z. B. über Saiten. In diesen Fällen geben wir einen Hinweis, in welchem Kapitel auf welcher Seite das schon mal erklärt wurde.

Einige Arbeiten, die wir in diesem Buch erklären, werden Euch leichtfallen, andere wiederum sind auch mit entsprechendem Werkzeug schwierig durchzuführen und bestimmte Arbeiten sollten nur von Fachleuten übernommen werden.

Wir geben Euch zwar Hinweise, was man in schwierigen Fällen machen kann, aber wenn man mit solchen Arbeiten nicht wirklich gut vertraut ist: **Bitte die Finger davon lassen!** Meist macht man mehr kaputt als heil und der zusätzliche Schaden kommt in der Werkstatt teuerer zu stehen.

Und nochmal: Das Buch will und kann kein Ersatz für eine Reparatur-Werkstatt sein. Deshalb immer da, wo Du nicht mehr weiter weißt oder Dir es nicht zutraust, das Instrument in die Werkstatt bringen.

1.2 Welches Werkzeug und Material brauchst Du?

Das meiste Werkzeug für die Arbeiten in diesem Buch habt Ihr wahrscheinlich zu Hause oder es liegt (bei einer neuen Gitarre) als Zubehör im Gitarrenkoffer. Grundsätzlich geben wir in den einzelnen Kapiteln immer vor den Arbeiten an, was Ihr an Werkzeugen und Materialien braucht.
So könnt Ihr alles bereitlegen und müßt nicht ständig während der Arbeit weglaufen und nach dem richtigen Werkzeug suchen.
Zum Schutz der Gitarre bei Arbeiten:
Ihr sucht Euch am besten eine feste Unterlage, wie Schreibtisch oder Werkbank, legt eine alte Decke oder ein altes T-Shirt unter die Gitarre, um sie vor Kratzern zu schützen. Unter den Hals könnt Ihr einen Korkblock oder zur Not auch Bücher zum Stützen legen.
So und jetzt geht's los mit der Pflege. Viel Spaß!

1.3 Wie pflegst Du Deine Gitarre?

Damit Deine Gitarre immer gut funktioniert und außerdem nicht unnötig an Wert verliert, solltest Du einige Punkte beachten.
Zur Pflege der Gitarre gehört neben dem eigentlichen Säubern auch die richtige Aufbewahrung und die regelmäßige Kontrolle des Instruments. Nach dem Spielen solltest Du die Saiten und die Gitarre mit einem trockenem Tuch abreiben. Das Tuch darf nicht kratzen oder fusseln. Zum einen halten so die Saiten länger (vor allem blanke Stahlsaiten rosten sehr schnell, umsponnene Saiten klingen schnell dumpf), zum anderen schonst Du Lack-, Holz- und Metallteile vor unnötigem Verschleiß. Auch wenn Du Dein Instrument nach jeder Benutzung sorgfältig abreibst, wirst Du nach einiger Zeit Schmutzablagerungen an manchen Stellen nicht vermeiden können. Auf dem Griffbrett bilden sich häufig Schichten aus Schweiß, Staub und dem Abrieb von Fingern,

Saiten und Bünden (vgl. Abb. 2), die Du von Zeit zu Zeit entfernen solltest. Dies geschieht entweder mit einem leicht feuchten Lappen oder mit feinster Stahlwolle (Sorte 000 oder 0000). Nach dem Säubern ist es gut, das Griffbrett leicht einzuölen (nur bei unlackierten Griffbrettern). Hierfür kannst Du entweder ein spezielles Griffbrettöl aus Deinem Musikgeschäft oder Leinöl aus der Apotheke verwenden. Mit einem Tuch wird das Öl aufgetragen und nach ca. 5 Minuten der Überschuß abgewischt.
Auch den Metallteilen Deiner Gitarre tut es gut, wenn Du sie immer abtrocknest und von Zeit zu Zeit einölst. Dies schützt die Schrauben vor Verrosten und die Mechanik bleibt leichtgängig.

Den Lack solltest Du folgendermaßen pflegen:

Je nach Lackart ist die Oberfläche unterschiedlich empfindlich. Meist genügt es auch hier, den Lack mit einem weichen Tuch abzureiben. Falls der Schmutz hartnäckiger sein sollte, kann ein spezielles Gitarren-Poliermittel helfen. Zur Sicherheit vorher immer an einer wenig sichtbaren Stelle ausprobieren und nur wenig davon verwenden.

Wie bewahrst Du Deine Gitarre am besten auf?

Grundsätzlich solltest Du extreme Situationen vermeiden. Sehr hohe, aber auch sehr niedrige Temperaturen können großen Schaden anrichten. Knochentrockene Luft ist ebenso gefährlich wie zu hohe Luftfeuchtigkeit. Folgen von all diesen Situationen sind Risse in Holz und Lack, verdrehte Hälse, sich lösende Leimverbindungen usw.

- Deshalb die Gitarre niemals in der Sonne im Auto lassen, pralle Sonne meiden.
- Im Winter die Gitarre über Nacht aus dem Auto nehmen.
- Das Instrument nicht im feuchten Übungskeller stehen lassen.
- Die Gitarre in der Wohnung nicht an die kalten Außenwände hängen.
- In Räumen mit Zentralheizung wird die Luft extrem trocken, deshalb Luftbefeuchter aufstellen (es gibt auch spezielle Luftbefeuchter, die man in die Gitarre hängen kann, z. B. Dampit) (vgl. Abb. 3). Ideal sind Werte zwischen 45 und 55% relative Luftfeuchtigkeit.

Leider kann auch die beste Pflege und Aufbewahrung Deine Gitarre nicht vor Verschleiß schützen. Ab und zu solltest Du Dein Instrument gründlich durchchekken, um Schäden frühzeitig zu erkennen. Du solltest dabei auf Veränderungen der Bespielbarkeit und der Funktion achten. Manche Dinge fallen Dir sicher beim Spielen auf, wie z. B. abgenützte Bünde, scheppernde Saiten, kratzende Potis usw. Andere Dinge bemerkst Du vielleicht nur bei näherem Hinsehen, wie z. B. kleinere Risse oder lose Bundenden. Grundsätzlich gilt: Sollte Dir etwas Störendes an Deiner Gitarre auffallen, so versuche es zu beheben. Entweder gelingt es Dir selbst oder Du fragst in einer Fachwerkstatt nach.

Abb. 2 Verschmutztes Griffbrett

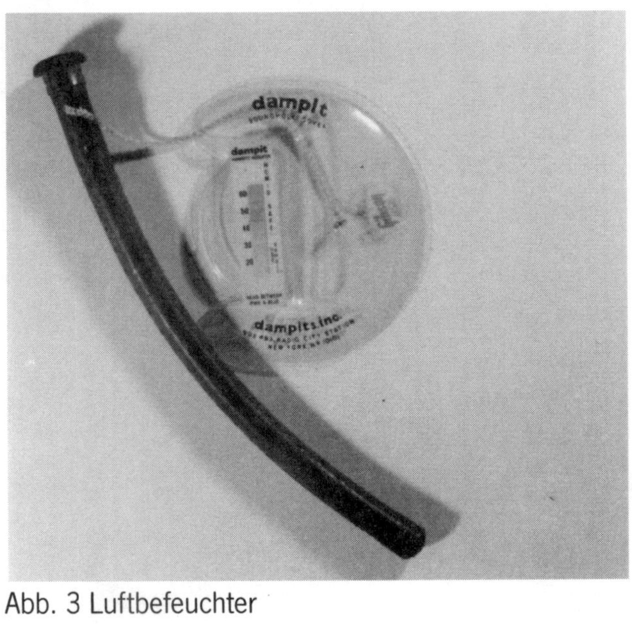

Abb. 3 Luftbefeuchter

2.

Die Western- oder Stahlsaiten-Gitarre

Die Western-Gitarre

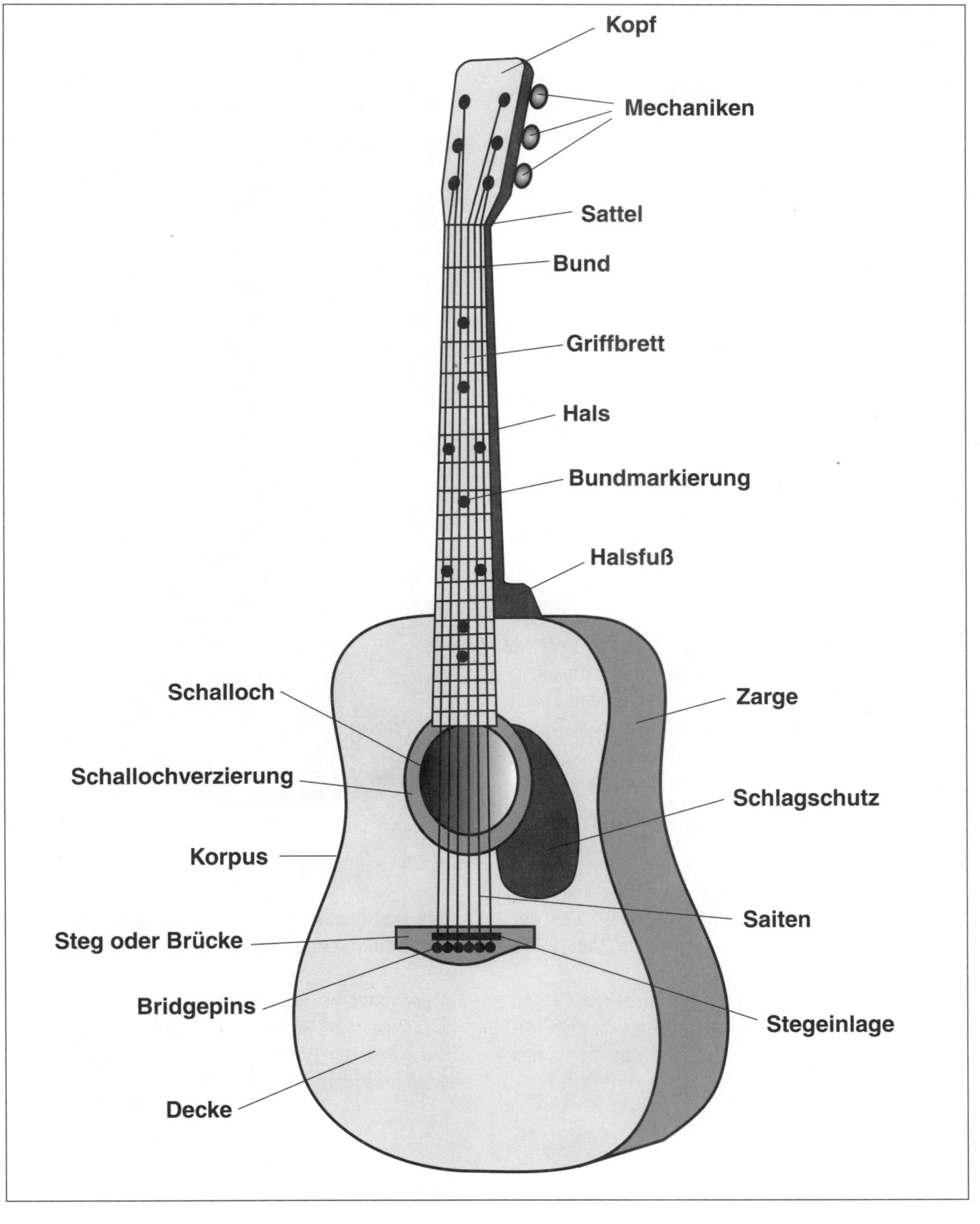

2. Die Western- oder Stahlseiten-Gitarre

2.1 Allgemeines zur Akustik-Gitarre

Moderne Akustik-Gitarren gibt es in zwei Ausführungen - mit Stahlsaiten oder Nylonsaiten (letztere werden auch als Konzert- oder Klassikgitarren bezeichnet). Nylonsaiten-Gitarren werden i. a. für klassische Musik und Flamenco verwendet, die Stahlsaiten-Gitarre eher für Folk, Blues, Jazz und (unplugged) Rock.

Die Westerngitarre wurde aus der klassischen Gitarre in der 2. Hälfte des 19. und Anfang des 20. Jahrhunderts v. a. von amerikanischen Gitarrenbauern wie Martin (kam aus Deutschland) und Gibson entwickelt.
Man wollte eine Gitarre entwickeln, die wesentlich lauter und stabiler als die bisherigen Darmsaiten-Gitarren waren. Dadurch konnten sie sich z. B. in Orchestern (wie auch später die Jazz-Gitarren) besser durchsetzen.
Stahlsaiten haben einen wesentlich höheren Zug (60 kg) als Nylonssaiten (35 kg). Dadurch sind sie lauter, aber auch etwas anstrengender zu spielen. Die Decke mußte massiver gebaut werden und in den Hals wurde zur Stabilisierung ein (zunächst fester, später verstellbarer) Stahlstab eingebaut. Dadurch konnte der Hals aber auch dünner gearbeitet werden als bei der Nylonsaiten-Gitarre.
Natürlich mußten auch die Mechaniken stabiler gebaut werden. Die meistgespielte Gitarrenform dürfte die sogenannte Dreadnaught-Form (benannt nach einem britischem Schlachtschiff!!) von der Firma Martin sein, die die Gitarre im Jahr 1931 herausbrachte.
Sie hatte damals die größten Korpusabmessungen (inzwischen gibt es jede Menge größerer Gitarren, die sogenannten Jumbo-Modelle) und war damit das „Flaggschiff" der Firma.

Sie ist eine Allround-Gitarre, auf der man sowohl Plektrum-Style, als auch Fingerpicking spielen kann.
Hier ist eine „Dreadnaught" abgebildet:

Abb. 4 Dreadnaught-Gitarre

Gute und relativ teuere Gitarrenmodelle gibt es von den Firmen Martin, Gibson, Lowden, Taylor und Larivee.
In der mittleren Preisklasse sind Marken wie Washburn, Takamine, Sigma, Fender usw. vertreten.
In der unteren Preisklasse finden sich Gitarren aus Billiglohnländern, meist aus Fernost.

Warum gibt es soviele unterschiedliche Formen?

Zunächst einmal, um den unterschiedlichen Vorstellungen der Musiker entgegenzukommen. Eine kleinere Gitarrenform ist durch das ausgewogene Klangbild eher für Fingerpicking geeignet. Die Dreadnaught-Form ist eine Allround-Gitarre, während die große Jumbo-Form (Abb. 5) für Plektrumspiel und als Rhythmusgitarre in Bands geeignet ist.

Eine Gitarre mit „Cutaway" (Abb. 6) ermöglicht dem Gitarristen, bis in die hohen Lagen zu spielen, ohne daß der Korpus stört. Allerdings ist das Korpusvolumen dadurch etwas kleiner und die Gitarre u. U. etwas leiser.

Abb. 5 Jumbo-Gitarre

Abb. 6 000-Size-Gitarre, etwas kleiner als die Dreadnaught-Gitarre (für Fingerpicking geeignet).

Abb. 7 Cutaway-Gitarre

Abb. 8 Elektroakustische Gitarre mit Tonabnehmer und flachem Korpus.

So, und nun zum Aufbau der Gitarre:

Das wichtigste Teil an der Gitarre ist die Decke. Normalerweise wird sie aus zwei spiegelgleichen Teilen verleimt, da es sehr schwierig ist, Tonholz (d. h. astfrei, fein und regelmäßig gemasert) in der Breite einer Gitarre zu finden.
Als Material werden vor allem Fichte und Zeder verwendet. Es gilt die Regel: Je feiner und gleichmäßiger die Maserung ist, umso hochwertiger ist die Decke. Dies ist aber nur eine grobe Regel, denn die Tonqualität der Decke hängt auch noch von ihrer Steifigkeit, Dicke und der Bebalkung im Inneren ab. Bei den billigen Gitarren (bis ca. 600.– DM) wird als Deckenmaterial Sperrholz verwendet (vgl. Abb. 9). Durch die meist drei miteinander verleimten Holzfurniere kann die Decke nicht mehr so frei schwingen und ist damit leiser und nicht so brillant wie eine massive Decke. Allerdings ist eine aus Sperrholz gefertigte Gitarre auch nicht so anfällig für Feuchtigkeit, Sonne und Kälte, also die ideale Reisegitarre. Ob eine Gitarre eine Sperrholzdecke besitzt, sieht man am Schallochrand. Man entdeckt dann 3 oder mehr Holzschichten. Oder man fragt beim Kauf einfach nach.

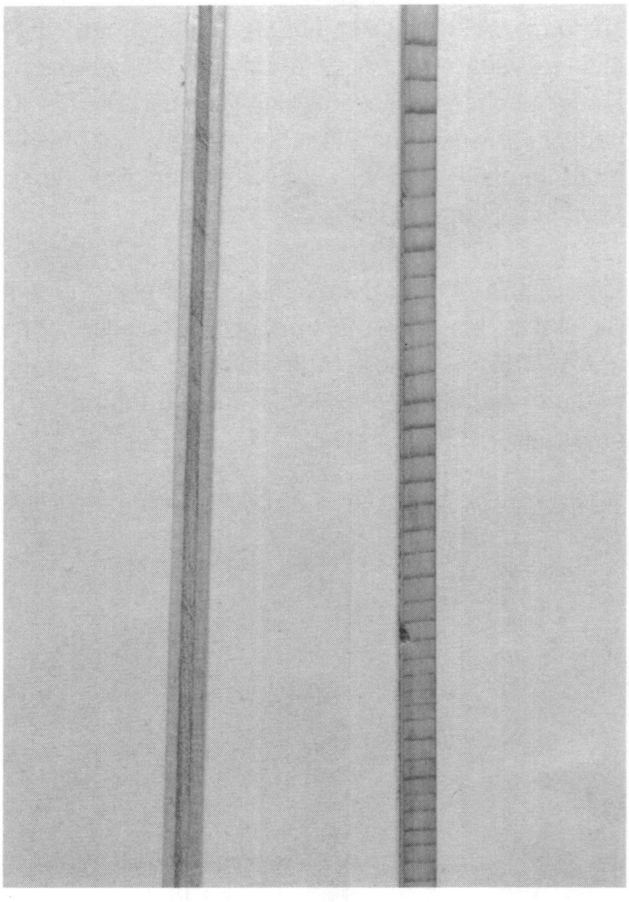

Abb. 9 Schnitt durch eine Sperrholz- und eine Massivholzdecke

Wenn Du die Gelegenheit hast, dann vergleiche doch im Musikladen den Klang einer Gitarre mit Sperrholzdecke und massiver Decke.

Boden und Seiten (Zargen) der Gitarre haben die Aufgabe, den Ton zur Decke hin zu reflektieren, d. h. sie sollen selbst wenig schwingen. Dafür verwendet man harte Hölzer, wie z. B. Palisander oder Mahagoni (Tropenhölzer!), die allmählich von europäischen Arten, wie Ahorn, Obsthölzern oder Walnuß abgelöst werden. Nur bei sehr teueren Gitarren (ab 2000.-DM) werden massive Böden und Zargen verwendet. Hälse werden fast ausschließlich aus Mahagoni, seltener Ahorn (vgl. Abb. 10) gefertigt und häufig zur Stabilisierung aus mehreren Teilen zusammengeleimt.

Für die Griffbretter wird Palisander und Ebenholz (sehr hart, aber immer seltener) verwendet. Im steigendem Maße (v. a. bei E-Bässen) wird auch Kunststoff eingesetzt.

Die Brücke wird meist aus demselben Material wie das Griffbrett gefertigt (vgl. Abb. 11 und 12).

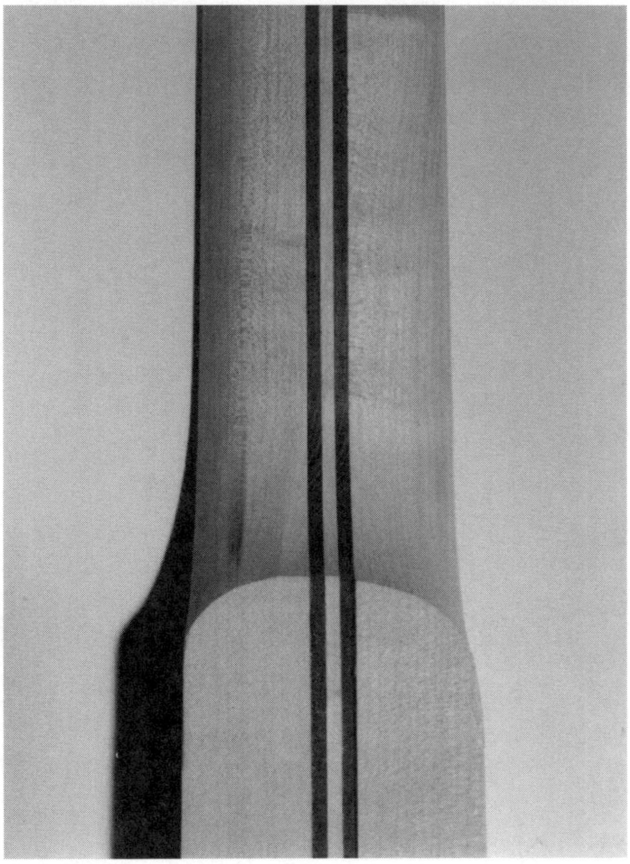

Abb. 10 5-teiliger Ahornhals

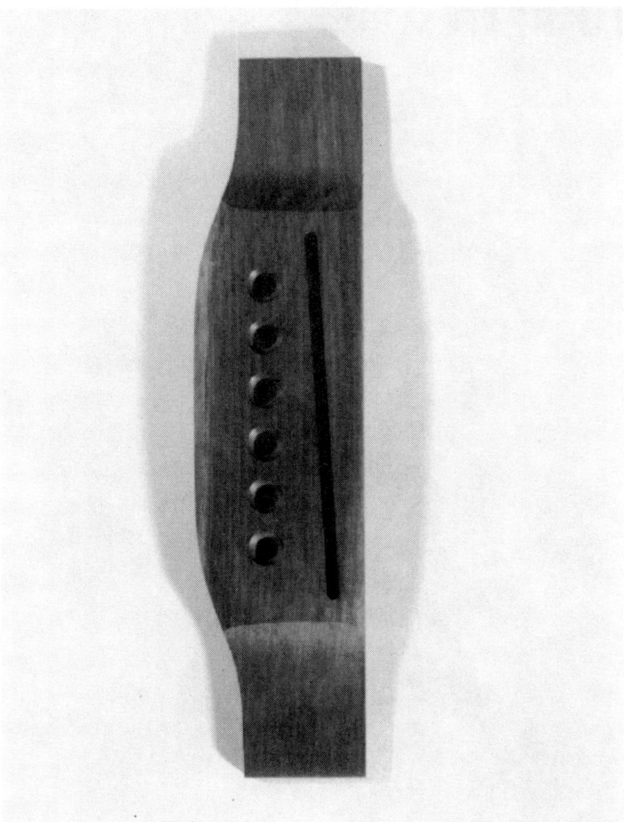

Abb. 11 Martin-Brücke, die Saiten sind mit den Briggepins in der Decke befestigt

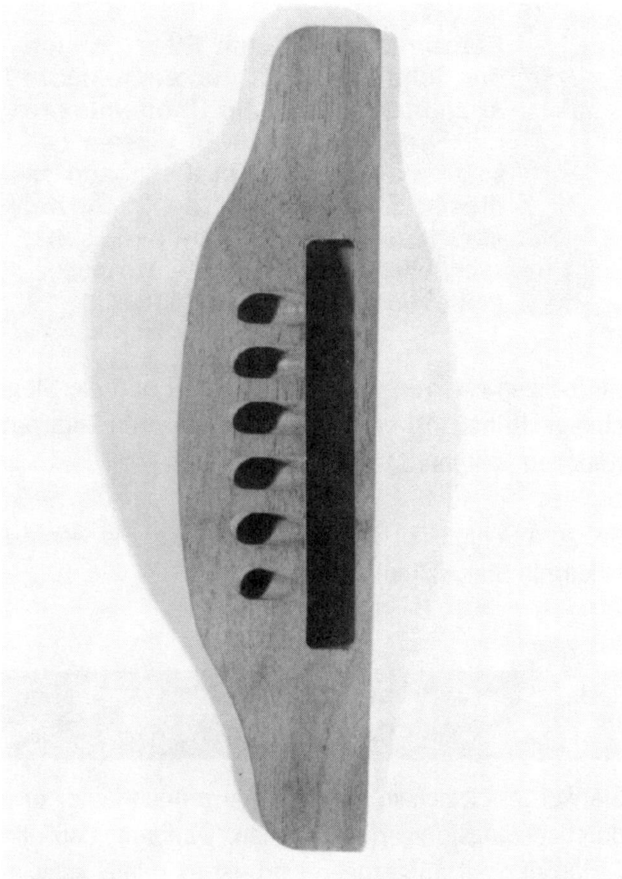

Abb. 12 Ovation-Brücke, die Saiten werden in der Brücke befestigt

Die Schalloch-Einlagen sind zunächst aus dekorativen Gründen eingeleimt, haben aber v. a. die Aufgabe, Risse zu stoppen, die vom Schalloch ausgehen und die ganze Decke der Länge nach zerstören könnten. Die sogenannten Randeinlagen an den Korpuskanten schützen Deine Gitarre vor mechanischen Schlägen, da das Material (Hartholz oder Kunststoff) härter ist, als das zu schützende Holz (vgl. Abb. 13).

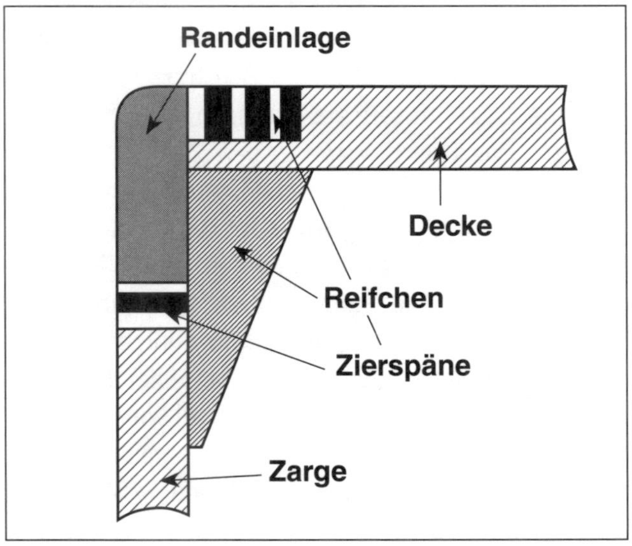

Abb. 13 Schnitt durch die Randeinlagen einer Akustikgitarre

Tip

Bei manchen billigen Gitarren sind die Schallochringe nur aufgeklebte Abziehbilder und die Randeinlagen mit Farbe aufgemalt. In diesem Fall sollte man niemals ein Klebeband an diesen Stellen benutzen (z. B. bei anfallenden Servicearbeiten), sonst „verabschieden“ sich die Verzierungen beim Abziehen des Bandes.

Bei billigen Gitarren wird für den Sattel und die Stegeinlage Kunststoff verwendet, bei teureren Gitarren Knochen, seltener Messing.

So, zum Schluß noch ein paar exotische und weniger bekannte Stahlsaiteninstrumente:

Die 12-saitige Gitarre

Sie wurde entwickelt, um die Gitarre noch lauter und durchsetzungsfähiger zu machen. Dadurch, daß alle Saiten doppelt aufgezogen sind, ist es relativ schwierig alle Saiten genau zu stimmen. Das ergibt aber den typischen Klang der Gitarre. Durch die leichte Verstimmung der jeweiligen Saitenpaare zueinander ergibt sich ein „schwebendes“, dem Chorus-Effekt ähnliches Klangbild. Das ganze ist natürlich etwas schwieriger zu spielen (vgl. Abb. 14).

Abb. 14 12-Saitige Gitarre

Das Dobro (oder Resonator-Gitarre)

Die meisten von Euch kennen sie inzwischen vom Cover der Dire-Straits CD „Brothers In Arms“. Manche bezeichnen sie deshalb als „Knopfler Gitarre“. Das Dobro wurde in den 20er Jahren von den Brüdern Dopera entwickelt. Auch hier strebte man eine möglichst große Lautstärke mit dieser Konstruktion an. Das Prinzip ist dem eines Grammophons ähnlich. Die Saiten laufen über eine Holzbrücke, die mit einem sehr dünnwandigem Aluminium-Trichter verbunden ist. Wie bei einer Lautsprechermembran wird so die Saitenschwingung verstärkt wiedergegeben. Der Klang ist höhenreich und metallisch. Sie sind ideal für Bottleneck/Slide-Spiel geeignet und wurden in den 20er und 30er Jahren von vielen Bluesmusikern gespielt. Es gibt Dobros aus Metall und Holz.

Abb. 15 Dobro

2.2 Die Saiten

Die Saiten für Westerngitarren sind alle relativ ähnlich aufgebaut. e- und h-Saite bestehen aus blankem Stahldraht. Manche sind, um sie vor Rost zu schützen, vergoldet oder versilbert (steht auf der Saitenverpackung). Am Ende der Saite befindet sich ein Messingröllchen, das sogenannte Ballend, das die Saite im Steg festhält. Für die tieferen Saiten, also g-, D-, A- und E-Saite müßte man sehr dicke Drähte mit relativ niedriger Spannung verwenden, um die richtige Tonhöhe zu erhalten. Das würde ungefähr so klingen, als würde man die h-Saite auf den Ton g herabstimmen. Klang- und Spielgefühl würden darunter leiden. Probier's doch mal aus! Abhilfe schafft hier die Umwickelung der Saiten. Um einen relativ dünnen Stahldraht ist ein Draht aus Bronze oder einer ähnlichen Legierung gewickelt. Manche Firmen verwenden auch sechseckige Drähte, um die die Umspinnung herumgeknickt wird. Dadurch kann sich die Umspinnung nicht so leicht lockern und mitscheppern. Auch die umsponnenen Saiten haben am Ende ein Ballend.

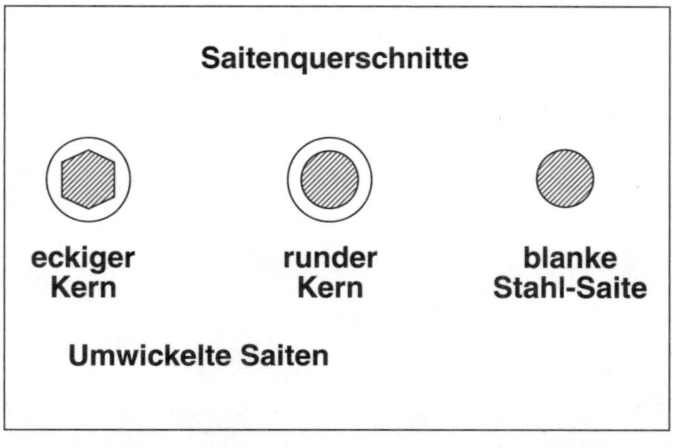

Abb. 16

- Bei sogenannten „Silkand Steel-Saiten“ (z. B. von Martin) besteht der Saitenkern aus einem dünnen Stahldraht mit einer zusätzlichen Beilage aus Kunstseidenfaser. Beides ist dann mit einem Draht umwickelt. Diese Saiten spielen sich etwas weicher, da sie weniger Zug haben und klingen wie eine Mischung aus Stahl- und Nylon Saiten.

- Nickelsaiten werden selten für Akustik-Gitarren verwendet, da sie relativ leise und blechern klingen.

- Eine besondere Art der Umspinnung hat die Firma Lowden entwickelt (vgl. Abb. 17). Die Umspinnung fängt erst nach dem Auflagepunkt auf der Stegeinlage an. Dadurch erreicht man eine größere Schwingungsfähigkeit und ein besseres Sustain.

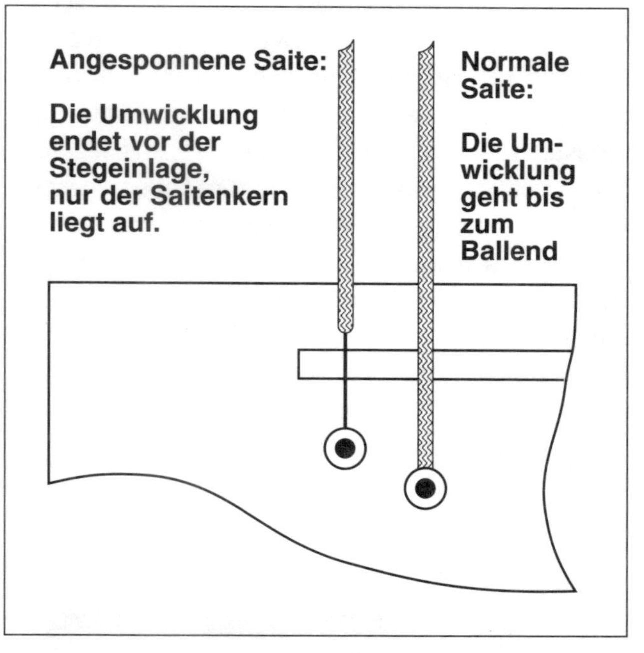

Abb. 17

Die folgenden Saitenarten findest Du normalerweise im Musikgeschäft:

- Die gängigsten Saiten sind mit Bronzedraht umwickelt und haben dadurch einen relativ obertonreichen metallischen Klang (bronzewound).

- Sehr verbreitet sind auch Phosphor-Bronze-Saiten, die einen etwas weicheren, mittigen Klang erzeugen (phosphor-bronze-wound).

Welche Saiten sind nun für Deine Gitarre geeignet?

Dies ist nicht so einfach zu beantworten, denn schließlich gibt es unterschiedliche Vorstellungen vom Klang. Außerdem ist keine Gitarre wie die andere gebaut, d. h. es kann passieren, daß eine Saitenart auf einer Gitarre sehr gut klingt, auf einer anderen dagegen viel zu metallisch und spitz. Ausprobieren ist eigentlich die einzige Methode, die wirklich zuverlässig ist!

Welche Saitenstärke für welche Gitarre?

Natürlich spielt bei der Auswahl der richtigen Saiten auch die Stärke, also der Durchmesser und damit die Spannung eine entscheidende Rolle. Für Western-Gitarren werden üblicherweise folgende Stärken angeboten:

- extra-light, .010" - .047"
- light, .012" - .052"
- medium, .013" - .056"

Die Stärken der Saiten werden meist in „inch" angegeben (.010" x 2.54 cm = 0.254 mm). Die Stärken sind so aufeinander abgestimmt, daß sich ein gleichmäßiges Klangbild ergibt. Grundsätzlich gilt: Je dicker die Saiten, desto lauter die Gitarre. Dickere Saiten haben mehr Zug, daher lassen sich dicke Saiten schwerer ziehen und greifen. Sehr wichtig ist auch die Konstruktion der Gitarre. Eine sehr leichte Gitarre mit dünner Decke klingt auch mit dünnen Saiten. Eine robuste, sehr stabile Gitarre wird erst mit Medium-Saiten und kraftvollem Anschlag zum Leben erweckt. Auch hier gilt es, durch Ausprobieren die richtige Saitenstärke zu finden. Die meisten Gitarren sind übrigens so konstruiert, daß man Saiten bis Medium-Stärke aufziehen kann.
Bist Du Dir nicht sicher, welche Saiten für Dich und Deine Gitarre die richtigen sind, kannst Du Dich in einem Musikgeschäft oder einer Werkstatt beraten lassen.

Wann ist es Zeit, die Saiten zu erneuern?

Die Saiten sind die verschleißanfälligsten Teile an der Gitarre. Nicht nur, wenn eine Saite reißt oder ihre Umspinnung aufreißt, solltest Du die Saiten wechseln. Hier die Gründe, die einen Saitenwechsel notwendig machen:

- Die Saiten klingen dumpf und schwingen nur noch kurz.
- Die blanken Stahlsaiten sind angerostet und kratzen auf den Bünden.
- Die Saiten schwingen ungleichmäßig und scheppern gegen die Bünde.
- Die Gitarre läßt sich nicht mehr richtig stimmen.

Wie wechselst Du Deine Saiten?

Dazu brauchst Du folgendes Werkzeug:

- Seitenschneider
- Saitenkurbel
- Stimmgabel oder Stimmgerät

Lege die Gitarre flach auf eine Unterlage und sorge für eine Unterstützung des Halses. Zunächst lockerst Du die Saiten, anschließend lassen sich die Bridgepins (das sind die kleinen Stifte, mit denen die Saiten in der Brücke befestigt sind) von Hand oder, falls sie streng sitzen mit einer Zange vorsichtig herausziehen. Jetzt kannst Du die Ballends durch die Löcher der Bridge ziehen und die Saite am Kopf von der Mechanikachse wickeln. Falls die Stegeinlage sehr lose sitzt, solltest Du darauf achten, daß sie nicht verloren geht. Nun ist es zweckmäßig, das Griffbrett zu säubern und zu ölen, sowie die Decke zu reinigen (siehe „Pflege der Gitarre", Seite 6). Beim Aufziehen der Saiten gehst Du so vor:

- Saiten auspacken und auseinanderwickeln. Dabei die Saiten nicht knicken.
- Saiten in die Steglöcher stecken und mit den Bridgepins sichern. Hierbei darauf achten, daß die Ballends innen ganz an der Decke anliegen (vgl. Abb. 18).

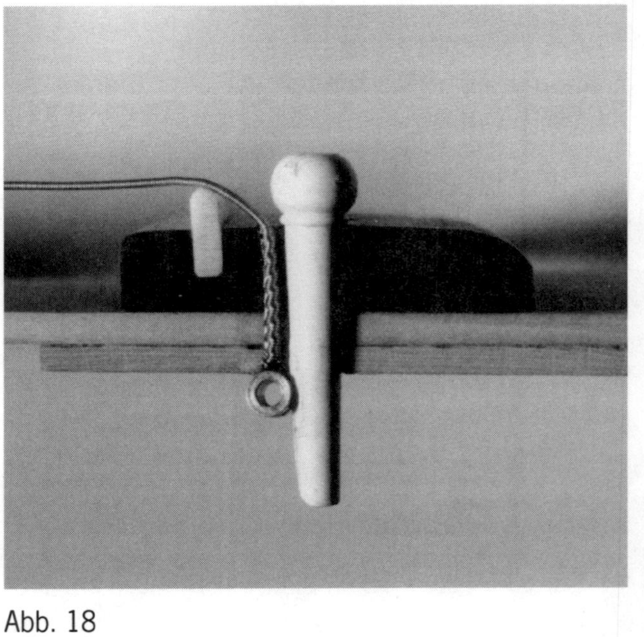

Abb. 18

- Die Saiten nach oben zur Mechanik führen und durch die Saitenlöcher stecken. Es genügt, die Saiten so aufzuwickeln, daß bei E- und A- Saite 2 Wicklungen, bei D- und g-Saite 3 und bei h-und e-Saite 4 Wicklungen auf der Mechanikachse sind. Die Saite sollte auf der Mechanikachse von oben nach unten gewickelt werden. Die Wicklungen sollten sauber nebeneinander liegen und dürfen sich nicht überkreuzen (vgl. Abb. unten).

Abb. 19

Abb. 20

- Hast Du alle Saiten aufgezogen, kannst Du die Gitarre mit Hilfe der Stimmgabel oder des Stimmgeräts in Stimmung bringen. Vermeide es, die Saiten zu hoch zu stimmen. Nun kannst Du noch gefühlvoll an jeder Saite ziehen, um 1. die Wicklungen auf der Mechanik zu festigen und 2. die Ballends ganz an die Decke heranzuziehen. Dann nachstimmen. Die Saiten halten übrigens die Stimmung erst nach ein paar Tagen.
- Saitenenden mit dem Seitenschneider ca. 1 cm von der Mechanikachse entfernt abzwicken.

2.3 Saitenlage einstellen

Mit dem Begriff Saitenlage bezeichnet man ganz allgemein den Abstand zwischen den Saiten und den Bünden. Für die Bespielbarkeit ist sie von großer Bedeutung. Ist die Saitenlage sehr niedrig, kannst Du mit weniger Kraft der linken Hand die Saiten auf die Bünde herabdrücken. Allerdings verliert dadurch die Gitarre an Lautstärke und bei etwas kräftigerem Anschlag fangen die Saiten an zu scheppern. Bei höherer Saitenlage gewinnt die Gitarre an Dynamik. Du kannst stärker anschlagen ohne ein Scheppern auf den Bünden zu erzeugen. Leider mußt Du, wenn die Saiten vom Griffbrett weiter weg sind, mehr Kraft aufwenden, die Saiten auf die Bünde zu drücken.
Du siehst hieran, daß die Saitenlage ein sorgfältiges Abwägen von Vor- und Nachteilen ist und stark von Deiner Spielweise abhängt. Bist Du ein Freund von schnellen Läufen, wirst Du wohl Deine Saitenlage eher flacher wählen und die etwas geringere Lautstärke in Kauf nehmen. Setzt Du Deine Gitarre zur Akkordbegleitung ein, wird Dir eine höhere Saitenlage, bei der Du kräftiger anschlagen kannst, besser gefallen. Die Saitenlage mißt man üblicherweise am 12. Bund und zwar wird der Abstand zwischen Bundoberkante und Saitenunterkante als Maß genommen (Abb. 21). Als Richtwert für eine normale Saitenlage bei Westerngitarren gilt. Saitenlage am 12. Bund: tiefe E-Saite 3,0 mm, hohe e-Saite 2,5 mm

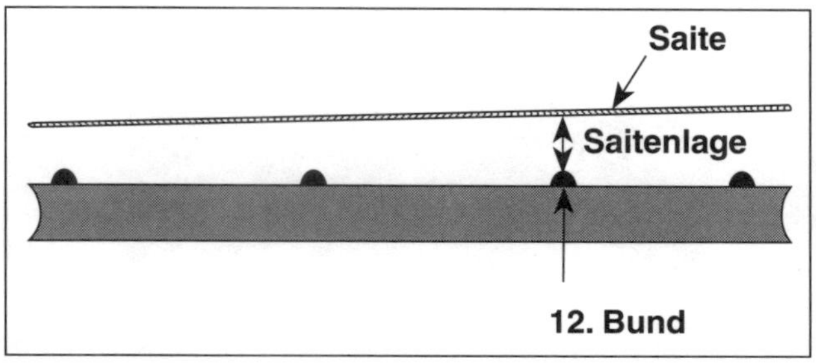

Abb. 21

Der Abstand bei den hohen Saiten kann niedriger sein, da sie beim Anzupfen nicht so weit schwingen, wie die tiefen Saiten. Damit schlagen sie nicht so schnell auf die Bünde. Weicht man von diesen angegebenen Maßen stark ab, so werden Klang und Bespielbarkeit erheblich beeinflußt. Ein halber Millimeter macht da schon viel aus. Voraussetzung für eine befriedigende Saitenlage sind mehrere Dinge:

- Der Hals muß in Ordnung sein.
- Der Sattel muß die richtige Höhe haben.
- Die Stegeinlage muß die richtige Höhe haben.

Ist der Hals Deiner Gitarre in Ordnung?

Zur Einstellung der Saitenlage gehört die vorangehende Überprüfung des Halses, denn nur ein optimaler Hals macht eine gute Saitenlage möglich. Willst Du prüfen, ob der Hals ok. ist, kannst Du folgendes tun:

- Du schaust der Länge nach vom Sattel aus über die Halskanten und prüfst, ob der Hals gerade oder gekrümmt ist.
- Du drückst eine Saite am 1. und am 12. Bund herunter und kontrollierst den Abstand zwischen den Saiten und den Bünden. Die Saite darf jetzt nur am 1. und am 11. Bund aufliegen. Der grösste Abstand muß im Bereich des 7. Bundes liegen und sollte nicht mehr als 0.5 mm betragen.

Ein gut eingestellter Hals darf nicht ganz gerade sein. Er sollte leicht durchhängen. Diese Biegung nach vorne ist notwendig, um ein freies Schwingen der Saiten zu ermöglichen. Auf einem geraden Hals würden die Saiten scheppern.
Zur Überprüfung muß die Gitarre richtig gestimmt sein, da die Saiten den Hals nach vorne ziehen! Ergibt Deine Überprüfung, daß der Hals nicht in Ordnung ist, so muß er eingestellt oder, falls das nicht möglich ist, das Griffbrett abgeschliffen werden. Das Einstellen kannst Du selber machen, die anderen Arbeiten sind nur etwas für Fachleute.

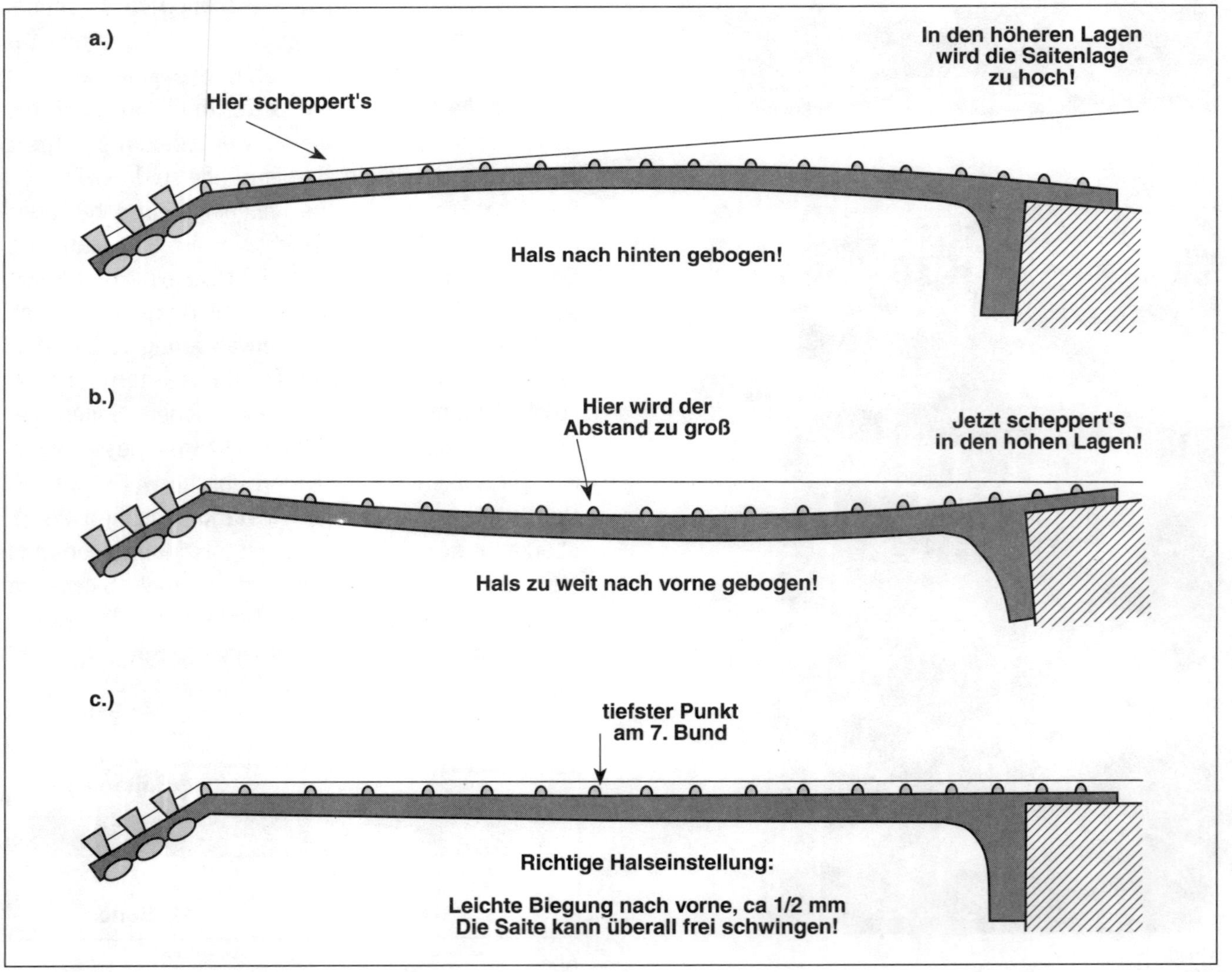

Abb. 22

2.3.1 Der Hals

Die meisten Westerngitarren haben im Hals einen verstellbaren Stab. Er macht es möglich, den Hals, wenn er zu weit durchhängt, wieder zu begradigen. Nur wenige Hersteller verzichten auf einen solchen verstellbaren Stab, da Feuchtigkeitsschwankungen und unterschiedlich dicke Saiten eine Verstellung manchmal nötig machen. Hat Deine Gitarre keine Verstellmöglichkeit, kann bei durchhängendem Hals leider nur der Fachmann helfen. Verstellen läßt sich der Halsstab entweder vom Kopf aus (z. B. bei Gibson), vgl. Abb. 23, oder durch das Schalloch., vgl. Abb. 24.

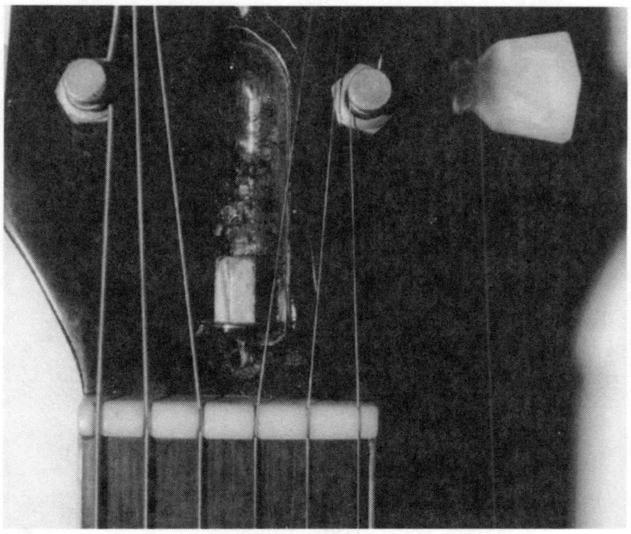

Abb. 23

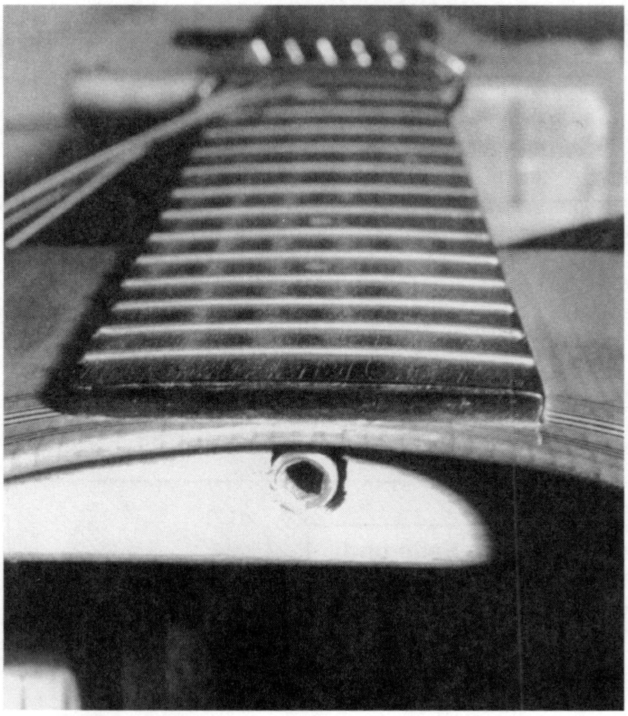

Abb. 24

Beim Verstellen gilt grundsätzlich:

Vorsichtig vorgehen!

- Nur den passenden Schlüssel verwenden.
- Sollte die Mutter sehr schwergängig sein, lieber aufhören (abgerissene Stahlstäbe oder zerstörte Gewinde können die Folge sein).
- Vorsicht bei der Verstellung vom Schalloch aus: Die Schallochkante ist sehr empfindlich.
- Nur in kleinen Schritten arbeiten:
  Eine 1/4 - Drehung genügt oft, da die meisten Stäbe sehr effektiv arbeiten.
- Bei diesen Arbeiten häufig nachstimmen.

Wann und wie verstellen?

- Hängt der Hals zu weit durch, mußt Du den Stab anziehen. Dies geschieht im Uhrzeigersinn.
- Ist der Hals zu gerade oder gar nach hinten gebogen, muß der Stab gelockert werden. Dies geschieht gegen den Uhrzeigersinn.

In beiden Fällen kann es vorkommen, daß der Stab keine ausreichende Verstellung zuläßt. Dann hilft nur der Weg in die Werkstatt! Hals und Stab benötigen übrigens etwas Zeit, sich auf die neuen Spannungsverhältnisse einzustellen. Dies macht ein Nachregulieren notwendig. Verdrehte, wellige oder bucklige Hälse lassen sich mit dem Stab nicht regulieren. In solchen Fällen müssen die Bünde herausgenommen und das Griffbrett begradigt werden. Diese Arbeit erfordert sehr viel Erfahrung und Know how. Auch hier hilft der Fachmann. Hast Du den Hals richtig eingestellt, kontrollierst Du als nächstes die Sattelhöhe.

2.3.2 Der Sattel

Die richtige Sattelhöhe ist ein sehr wichtiger Punkt für die Bespielbarkeit Deiner Gitarre (vgl. Abb. 25). Vor allem auf den ersten Bünden ist ein zu hoher Sattel ein Grund für unnötige Quälerei. Viele Westerngitarren sind ab Werk mit zu hohen Sätteln ausgestattet. Ein zu niedriger Sattel fällt auch dem Laien sofort auf - die Saiten scheppern auf dem ersten Bund. Der Sattel ist ein Verschleißteil wie Bünde und Saiten. Mit der Zeit graben sich die Saiten in die Sattelkerben ein, bis sie zu tief sind.

Wie prüfst Du die Sattelhöhe?

Hierfür brauchst Du kein Werkzeug. Voraussetzung für die Überprüfung ist, daß die Gitarre richtig gestimmt und der Hals richtig eingestellt ist. Nun greifst Du eine Saite nach der anderen am 3. Bund und kontrollierst den Abstand zwischen Saite und 1. Bund:

- Liegt die Saite auf dem 1. Bund auf, ist der Sattel zu niedrig.
- Ist der Abstand sehr groß (höher als 0.5 mm), ist der Sattel zu hoch.
- Der richtige Abstand sollte nur den Bruchteil eines Millimeters (0,2 - 0,3 mm) betragen.

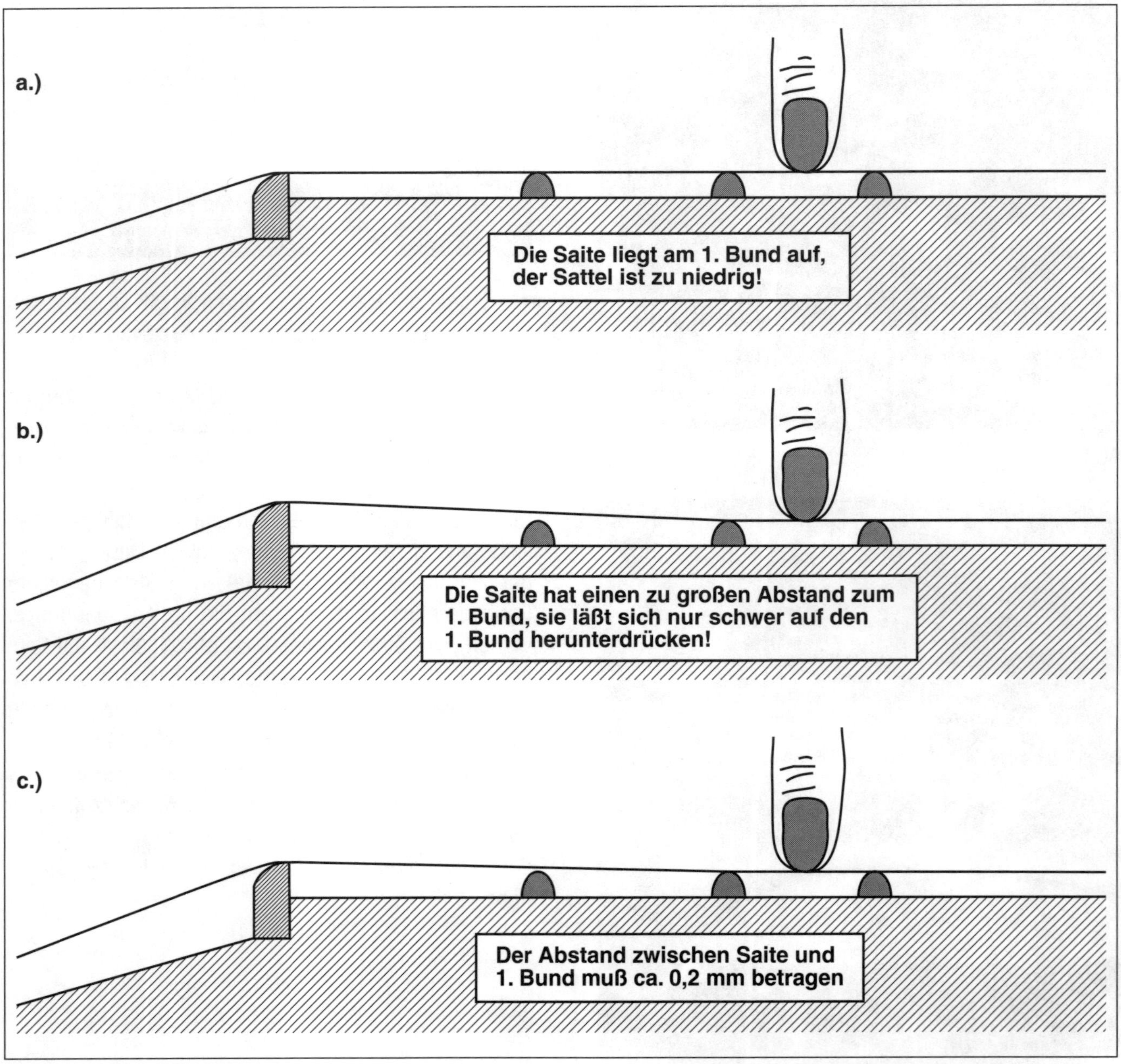

Abb. 25

Der Sattel ist zu niedrig, was tun?

Ist der Sattel zu tief, hilft ein neuer Sattel (siehe Projekt „neuen Sattel anfertigen“ , S. 24.) oder...

Du erhöhst den alten Sattel.

Dazu brauchst Du folgendes Werkzeug und Material:

- Hammer und Holzklötzchen
- Schleifpapier, Körnung 120 und 180
- Holzleim
- Schraubzwinge
- scharfes Messer, notfalls Schere
- Furnierstreifen (ca. 0.5 mm dick)
- schmales Sägeblatt
- Schlüsselfeilen (rund)
- Flachfeile

Wie gehst Du vor?

Zunächst entfernst Du den Sattel und säuberst die Sattelfuge. Wie das geht, findest Du im Kapitel Projekt „neuen Sattel anfertigen“ Punkt 2, Seite 24. So, nachdem der Sattel hoffentlich heil draußen ist, erhöhst Du ihn folgendermaßen:

- Du glättest die Sattelunterseite vorsichtig mit Schleifpapier oder Feile.
- Anschließend leimst Du einen Furnierstreifen von unten an den Sattel und fixierst das Ganze mit einer Schraubzwinge auf einer ebenen Unterlage (siehe Abb. 26).
- Nach dem Trocknen schneidest Du das überstehende Material mit dem Messer ab und schleifst die Kanten bündig. Dabei darf der Sattel nicht schmaler oder kürzer werden.
- Nun kannst Du den Sattel wieder an seine Stelle setzen und die Höhe wie gehabt kontrollieren.

Jetzt mußt Du die Kerben, falls nötig, in der Höhe wieder anpassen.

- Du sägst die Kerben für e- und h-Saite vorsichtig mit dem schmalen Sägeblatt tiefer. Die Saite muß ganz vorne am Sattelrand aufliegen.
- Die Kerben für die übrigen Saiten werden mit der feinen Rundfeile nachgefeilt. Dabei darauf achten, daß die Kerben nicht breiter gefeilt werden.

Abb. 26 Verleimen von Sattel und Furnier

- Beim Feilen mußt Du sehr vorsichtig vorgehen und die Sattelhöhe zwischendurch immer wieder kontrollieren. Falls eine Saite in der Kerbe klemmt, muß die Kerbe noch ein wenig aufgefeilt werden.

Tip

Um den Verschleiß zu verringern und die Gleitfähigkeit der Saite in der Kerbe zu erhöhen, kannst Du mit einem Minenstift etwas Graphit (von der Mine!) als Schmiermittel in die Kerben reiben.

Der Sattel ist zu hoch, was tun?

Sind die Saiten im Sattel zu hoch, so werden die Kerben, wie vorher beschrieben, tiefergefeilt.

Tip

Beim Wechsel von dünnen auf dickere Saiten kann es vorkommen, daß die Saiten nicht in die Kerben passen und sie auf dem Sattel oben aufliegen. In diesem Fall müssen die Kerben etwas augefeilt werden (vgl. Abb. 27, folgende Seite).

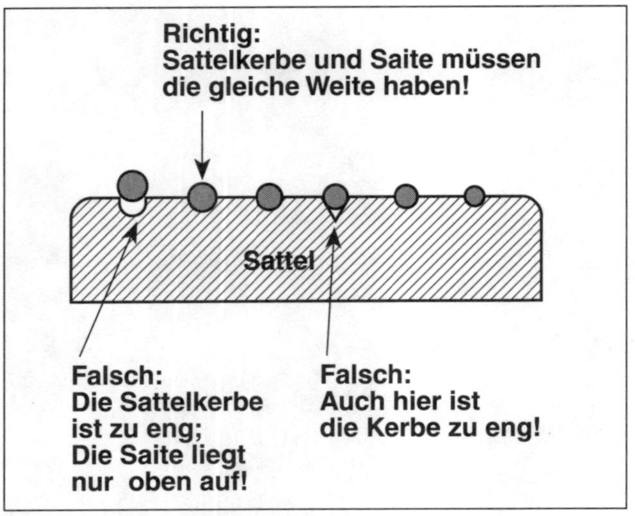

Abb. 27

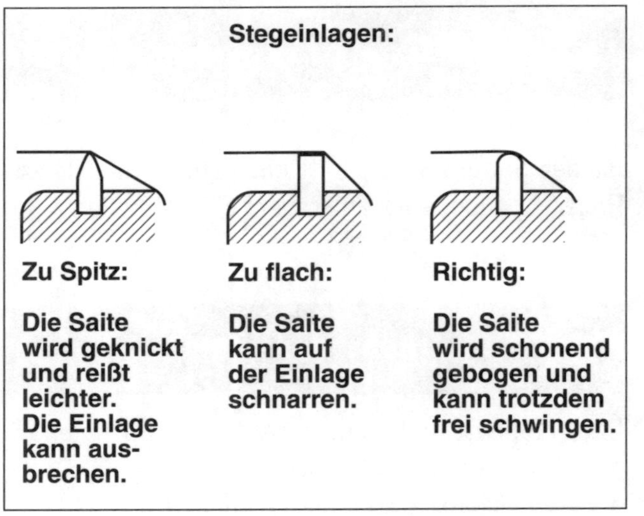

Abb. 28

Hast Du die Halskrümmung und die Sattelhöhe überprüft und falls nötig korrigiert, kannst Du Dich jetzt daran machen, die Saitenlage am Steg einzustellen.

2.3.3 Die Stegeinlage

Die Stegeinlage sitzt in einer Fräsung im Steg und kann zu Einstellzwecken nach oben herausgezogen werden. Sie ist aus einem 2 - 3 mm dicken Knochen oder Kunststoff gefertigt. Die Stegeinlage ist so in die Fräsung eingepaßt, daß sie spielfrei hineingesteckt werden kann und auf der Unterseite sauber aufsitzt. Sitzt sie zu locker, so führt das zu Schwingungs- und Klangverlusten. Die Einlage muß soweit aus dem Steg herausschauen, daß alle Saiten sauber aufliegen und beim Schwingen das Holz des Steges nicht berühren. Die Oberseite der Einlage ist der Länge nach gewölbt und zwar mit dem gleichen Radius wie das Griffbrett, so daß eine gleichmäßige Saitenlage für alle Saiten gegeben ist. Die Stegeinlage ist oben abgerundet, damit die Saiten möglichst wenig geknickt werden. Eine scharfkantige Einlage ist oft Ursache für eine gerissene Saite. Ist die Einlage oben zu flach, kann die Saite auf der Einlage schnarren (vgl. Abb. 28).

Wie stellst Du die Saitenlage ein?

Du brauchst dazu folgendes Werkzeug und Material:

- Flachfeile
- Schleifpapier, Körnung 120
- Bleistift und Lineal
- scharfes Messer oder Schere
- Schraubstock
- Furnierstreifen

Wie gehst Du vor?

Saitenlage am 12. Bund messen (Kapitel 2.3 „Saitenlage einstellen“, Seite 17).

Ist die Saitenlage zu hoch, mußt Du folgendes tun:

1. Nachmessen, um wieviel die Saitenlage zu hoch ist. Dieses Maß x 2 bestimmt, wieviel von der Stegeinlage wegzunehmen ist. Ein Beispiel zur Verdeutlichung:
   Beträgt die Saitenlage am 12. Bund bei der hohen e-Saite 3,5 mm, so ist sie ca. 1 mm zu hoch. Folglich muß die Stegeinlage um 2 mm abgeflacht werden, damit sich die Saitenlage um 1 mm am 12. Bund verringert.
2. Du entfernst die Saiten und ziehst die Einlage heraus.
3. Nun zeichnest Du an, wieviel Du von der Einlage abnehmen mußt. Es ist einfacher die Einlage von unten zu kürzen, da man hier nur eine gerade Fläche schleifen muß.

4. Du spannst die Einlage verkehrt herum in den Schraubstock und feilst sie bis zur Markierung ab (vgl. Abb. 29). Die Unterseite der Einlage muß gerade und rechtwinklig sein (mit dem Lineal prüfen). Du kannst die Stegeinlage auch auf einem Stück Schleifpapier der Körnung 120 abschleifen (vgl. Abb. 30).

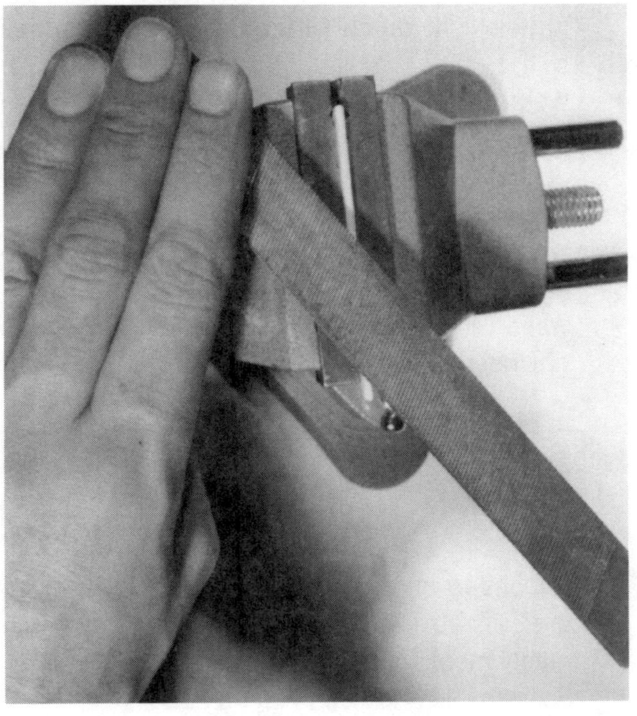

Abb. 29 Abfeilen der Stegeinlage von unten im Schraubstock

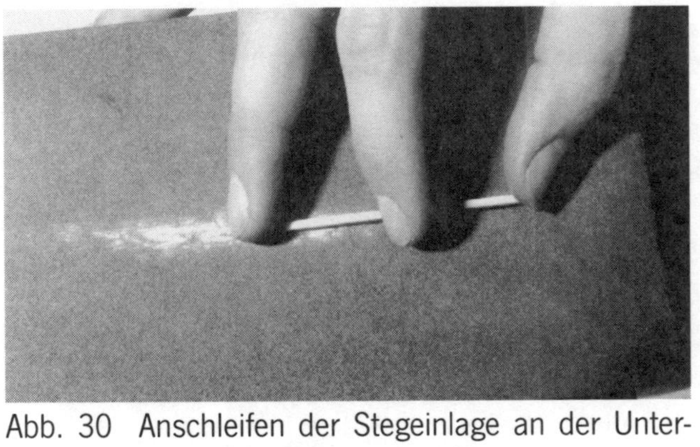

Abb. 30 Anschleifen der Stegeinlage an der Unterseite auf dem Schleifpapier.

5. Die Stegeinlage in die Stegfräsung einsetzen und Saiten aufziehen. Die Gitarre stimmen und kontrollieren, ob die Saitenlage in Ordnung ist. Hast Du richtig gemessen, angezeichnet und geschliffen, wird sie jetzt die richtige Höhe haben.

Hinweis: Vor der Arbeit prüfen, ob die Stegeinlage weit genug aus dem Steg herausschaut, da sonst der Steg flacher gefräst werden müßte. Diese Arbeit ist etwas für Fachleute.

Die Saitenlage ist zu niedrig:

Du brauchst eine neue Stegeinlage (Projekt „neue Stegeinlage herstellen“, Seite. 28.) oder...

Du unterlegst die alte Einlage

Dies funktioniert nur, falls die Einlage geringfügig erhöht werden muß und sie fest und tief genug in der Fräsung sitzt.

1. Nachmessen, um wieviel die Saitenlage zu tief ist. Dieses Maß x 2 ergibt das Maß für die Erhöhung.

2. Eine entsprechende Anzahl von Furnierstreifen zuschneiden und in die Stegfräsung legen. Ein dicker Streifen ist besser als mehrere dünne. Die Streifen sollten exakt in die Stegfräsung passen.

3. Stegeinlage in die Fräsung setzen, die Saiten aufziehen, stimmen und Saitenlage überprüfen.

2.4 Die Intonation

Bei normaler Saitenlage und mit neuen Saiten sollte Deine Gitarre, wenn Du sie gestimmt hast, beim Akkorde-Spielen richtig klingen. Ist dies der Fall, so ist die Intonation in Ordnung, d. h. jeder Ton hat auch die richtige Tonhöhe. Dies kannst Du mit dem Stimmgerät oder auch mit dem Gehör nachprüfen.
Natürlich ist es dafür wichtig, die Saiten gleichmäßig und nicht zu fest auf die Bünde zu drücken. Häufig stellt man beim Vergleichen zwischen Leersaite und Oktavton (12. Bund) fest, daß sie nicht genau übereinstimmen. Grund hierfür ist der falsche Abstand zwischen Bünden und Stegeinlage. Um dies zu verstehen, mußt Du folgendes wissen:

- Theoretisch sind Stegeinlage und Sattel vom 12. Bund gleich weit entfernt.

- Durch das Herunterdrücken der Saite auf den Bund wir die Saite gedehnt und der Ton zusätzlich höher (vgl. Abb. 31, folgende Seite).

- Außerdem fängt die Saite nicht direkt an der Stegeinlage zu schwingen an, sondern erst etwas danach. Dies hängt mit der Steifigkeit der Saite zusammen. Je dicker die Saite ist, desto mehr verschiebt sich der Punkt, an der sie zu schwingen beginnt, von der Stegeinlage weg, (vgl. Abb. 31a).

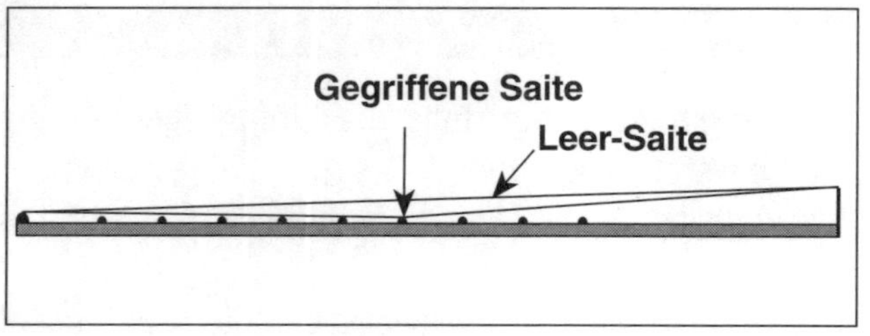

Abb. 31

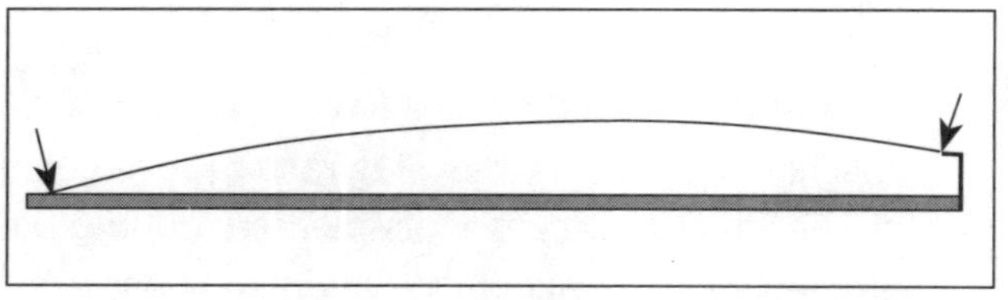

Abb. 31a

Diese beiden Tatsachen zusammen machen eine Intonationskorrektur notwendig. Man spricht von „Kompensation“. Das macht Dir vielleicht verständlich, warum Westerngitarren eine schräg eingesetzte Stegeinlage haben. Der Unterschied zwischen hoher und tiefer E-Saite beträgt bei der Western-Gitarre ca. 3 mm. Manche Gitarren haben aber auch noch zusätzlich eine etwas mehr zurückgesetzte h-Saite, da diese bei einer geradlinig versetzten Einlage immer noch etwas zu hoch klingt. Stellst Du fest, daß die Intonation Deiner Gitarre trotz korrekter Einstellung und neuer Saiten nicht in Ordnung ist, solltest Du die Werkstatt aufsuchen!

2.5 Projekt „neuen Sattel anfertigen“

Im vorherigen Kapitel „Saitenlage einstellen“ hast Du etwas über die richtige Einstellung der Sattelhöhe erfahren. Wir wollen hier beschreiben, wie man einen neuen Sattel herstellt. Voraussetzung für die Arbeit ist, daß Gitarrenhals, Stegeinlage und Saitenlage korrekt eingestellt sind.

Wann solltest Du den Sattel Deiner Gitarre erneuern?

- Wenn er gebrochen ist und die Saiten nicht mehr geführt sind.
- Wenn die Sattelkerben zu niedrig geworden sind und die Saiten am 1. Bund scheppern (und der Sattel nicht durch Unterlegen erhöht werden soll).
- Wenn Du Deinen Kunststoffsattel gegen einen Knochensattel austauschen möchtest (Knochen dämpft den Ton weniger und verschleißt weniger schnell).
- Wenn die Sattelkerben soweit von den Saiten ausgerieben wurden, daß die Saiten schnarren.
- Wenn Dir der Abstand der Saiten zueinander zu weit oder zu eng ist.

Welches Werkzeug bzw. Material brauchst Du?

- Knochenrohling (möglichst passend, eher zu groß als zu klein, Originalsattel zum Vergleich mitnehmen), im Musikladen erhältlich
- Schleifpapier, Körnung 120 und 180
- Doppelklebeband
- Dreikant- und Rundschlüsselfeilen
- Flachfeile
- schmales Sägeblatt (z. B. von kleiner Metallsäge)
- Schraubstock
- Holzleim
- Stahlwolle 000 oder 0000
- Hammer und Holzklötzchen
- Bleistift
- Lineal
- evtl. schmales Stemmeisen

So, nun geht's los!

1. Saiten entfernen.

2. Alten Sattel herausnehmen. Zuerst mußt Du nachsehen, ob der alte Sattel mit dem Hals an der Seite mitlackiert wurde. Wenn ja, dann bitte aufhören, da beim Ausbau des Sattels der Lack an den Enden und an der Kopfplatte wegsplittert und so die Lackierung am Hals beschädigt wird. Also hier auf alle Fälle den Fachmann aufsuchen. Wenn der Sattel nicht mitlackiert wurde, dann versuche mit *leichten* Hammerschlägen den

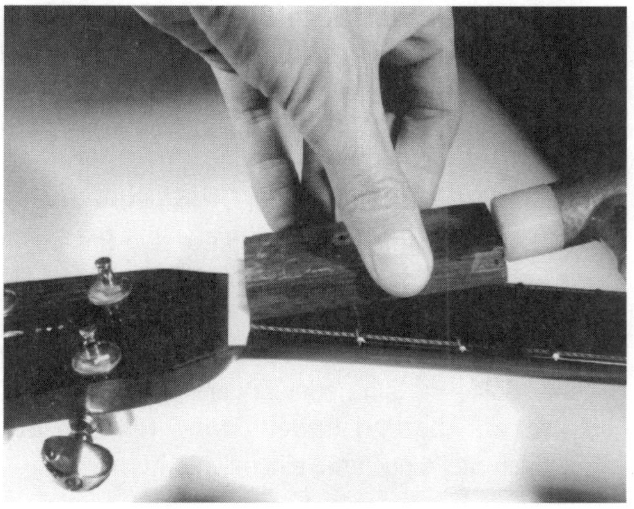

Abb. 32 Sattel mit vorsichtigen Hammerschlägen lösen

Sattel zu lösen (vgl. Abb. 32) und nach oben herauszuziehen. Den alten Sattel mußt Du aufheben (auch in Einzelteilen).

3. Jetzt solltest Du die Sattelfuge von Leimresten befreien (vgl. Abb. 33), entweder mit einem schmalen Stemmeisen oder einer Feile. Vorsicht, die Fuge nicht zu den Enden hin rundschleifen. Nur die Leimreste entfernen und nichts vom Holz wegschleifen oder -stemmen.

Abb. 33 Säubern der Sattelfuge

4. Als nächstes paßt Du den Knochenrohling in der Breite ein (vgl. Abb. 34). Dazu legst Du Schleifpapier der Körnung 120 flach auf eine ebene Oberfläche und schleifst den Rohling allmählich auf die richtige Breite. Immer wieder probieren, ob's paßt. Auf die Enden achten, die sind schnell rundgeschliffen.

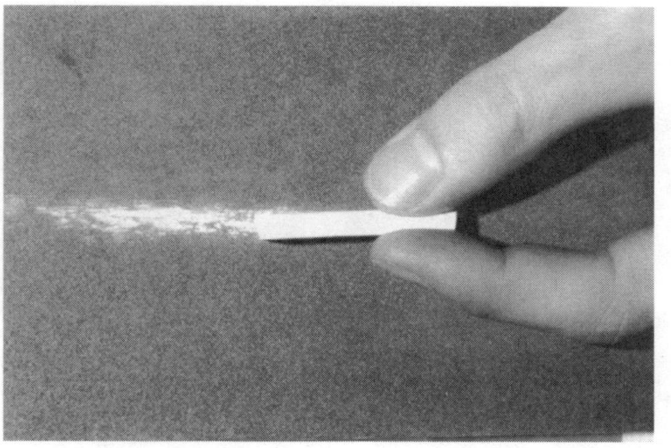

Abb. 34 Der Knochenrohling wird auf die richtige Breite geschliffen

Tip

Klebe das Schleifpapier vollfächig mit Doppelklebeband (für Teppiche) auf ein ebenes Brett. Dann können die Enden nicht hochstehen.

Mit dem Lineal öfter überprüfen, ob die Schleiffläche noch gerade ist. Sollte vom Rohling viel wegzuschleifen sein, können geübtere Leute auch die richtige Breite (alten Sattel drauflegen und abzeichnen) aufzeichnen und mit einer gröberen Feile auf die ungefähre Breite feilen. Dazu einen Schraubstock verwenden. Dann mit Schleifpapier weiterarbeiten. Der Rohling sollte in der Fuge weder wackeln noch mit zu großer Kraft hineinzudrücken sein.

5. Jetzt mußt Du die Unterseite des Rohlings der Fuge anpassen. Den Rohling in die Fuge legen und checken, ob er an der Unterseite links und rechts gut aufsitzt.

6. Der Rohling sollte jetzt „gut" in der Fuge sitzen. Du zeichnest die Länge des Rohlings an und schleifst oder feilst die überstehenden Enden ab (vgl. Abb. 35, nächste Seite). Wenn der Rohling um „einiges" zu lang ist, mit einer feinen Metallsäge absägen und dann mit Schleifpapier die Feinarbeiten durchführen.

7. Wenn der Rohling in der Breite und Länge paßt, dann wird mit einem feinen Bleistift die Kontur des Griffbretts angezeichnet (Abb. 36, folgende Seite).

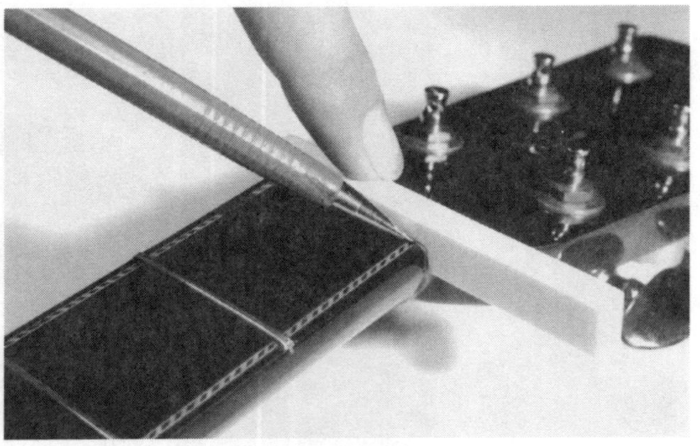

Abb. 35 Die Länge des Rohlings wird angezeichnet

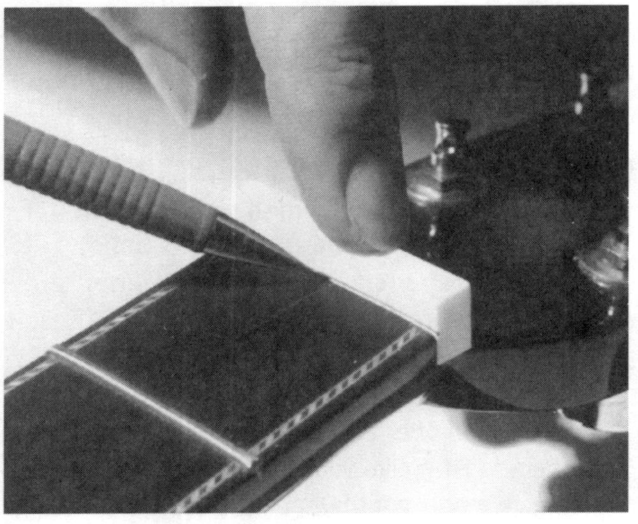

Abb. 36 Die Kontur des Griffbrettes wird angezeichnet

Anschließend zieht man paralell zur Kontur einen 2 mm entfernten Strich und feilt oder schleift bis auf diese Höhe ab. Der Sattelrohling sollte nun so aussehen (vgl. Abb. 37):

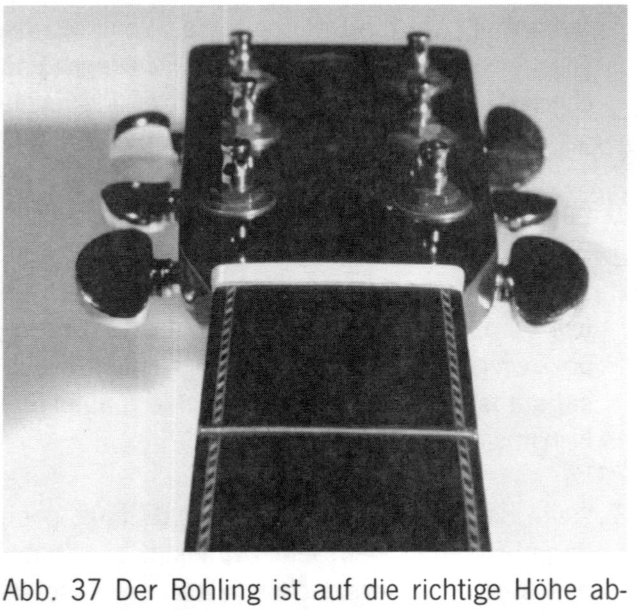

Abb. 37 Der Rohling ist auf die richtige Höhe abgefeilt

8. Jetzt legst Du den alten Sattel an den Rohling und überträgst mit dem Bleistift die Saitenkerben (vgl. Abb. 38). Du hast jetzt auch die Möglichkeit, die Abstände der Saiten zueinander zu vergrößern oder zu verkleinern. Anschließend feilst Du mit einer (Dreiecks-) Feile an den gekennzeichneten Stellen eine leichte Kerbe ein. Lege den Rohling in die Fuge und spanne die Saiten auf. So kannst Du jetzt mit dem Lineal oder dem Auge überprüfen, ob die Saitenabstände zueinander in Ordnung sind. Sollte die eine oder andere Saite noch den falschen Abstand haben, dann feile an der richtigen Stelle nochmal eine leichte Kerbe.

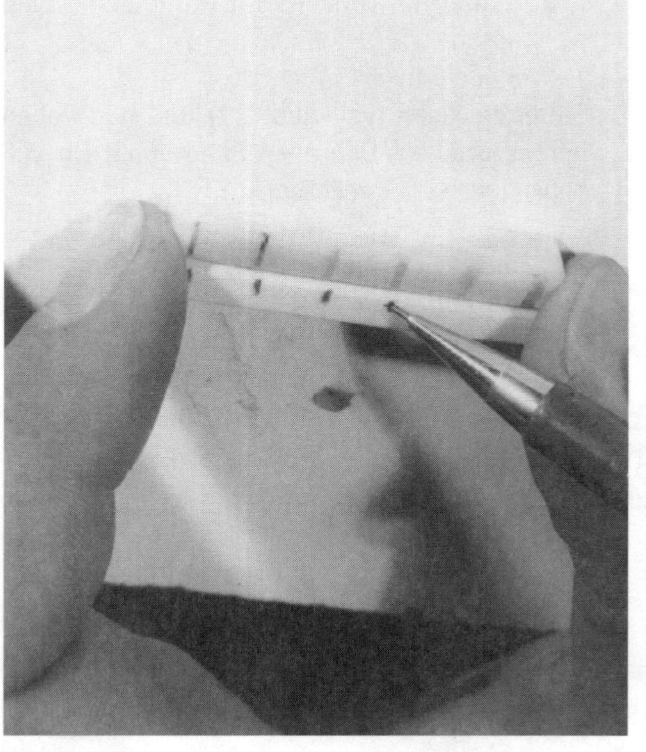

Abb. 38 Die Kerben werden vom alten Sattel auf den Rohling übertragen

9. Wenn jetzt alle Saitenabstände ok. sind, mußt Du noch die richtige Kerbenhöhe und -breite einfeilen. Wie Du die richtige Höhe der Kerbe bestimmst, kannst Du im Kapitel „Saitenlage einstellen – der Sattel“ auf Seite 20 nachlesen. Die Kerben für die e- und h-Saiten werden mit einem dünnen Metallsägeblatt eingefeilt, die übrigen Saitenkerben mit der Dreiecksfeile und dann mit einer feinen Rundfeile (vgl. Abb. 40). Dabei mußt Du darauf achten, daß der Winkel in der Kerbe so steil verläuft, daß die Saiten ganz vorne am Sattelrand aufliegen (vgl. Abb. 39). Den Kopf klebst Du am besten mit einem Klebeband in Sattelnähe ab, um die Lackierung vor Feilspuren zu schützen.

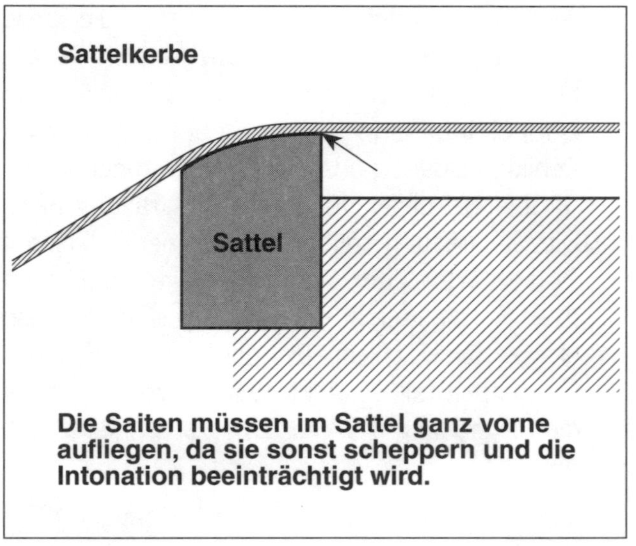

Abb. 39

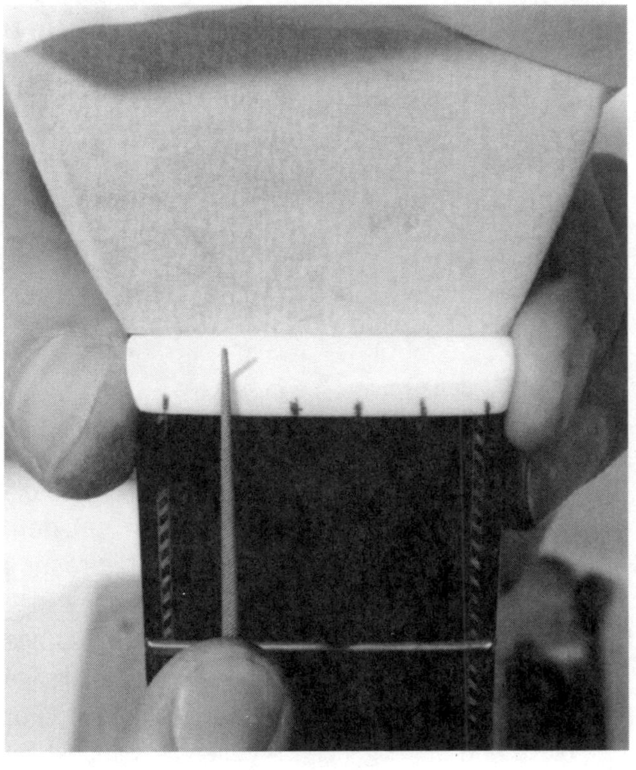

Abb. 40 Einfeilen der Sattelkerben

Diese Arbeiten solltest Du sehr vorsichtig durchführen, denn eine zu tief gefeilte Kerbe kann nicht mehr rückgängig gemacht werden.
Stimme Deine Gitarre nochmal und schlage die leeren Saiten an. Wenn nichts scheppert und Du das Gefühl hast, in den unteren Lagen bequem spielen zu können, dann ist die Kerbenhöhe in Ordnung.
Sollten Saiten beim Leeranschlag am 1. Bund anschlagen, dann hilft leider nur noch das Unterlegen eines Furniers oder noch einmal von vorne zu beginnen.

10. Nimm den neuen Sattel heraus und feile oder schleife die Oberkante in etwa nach dem Kerbenwinkel. Anschließend rundest Du die Ecken ab. Jetzt kannst Du die Oberfläche des Sattels nocheinmal mit Schleifpapier der Körnung 180 oder 220 feinschleifen (aber nicht zuviel wegschleifen!) und mit Stahlwolle nachpolieren (muß aber nicht sein).

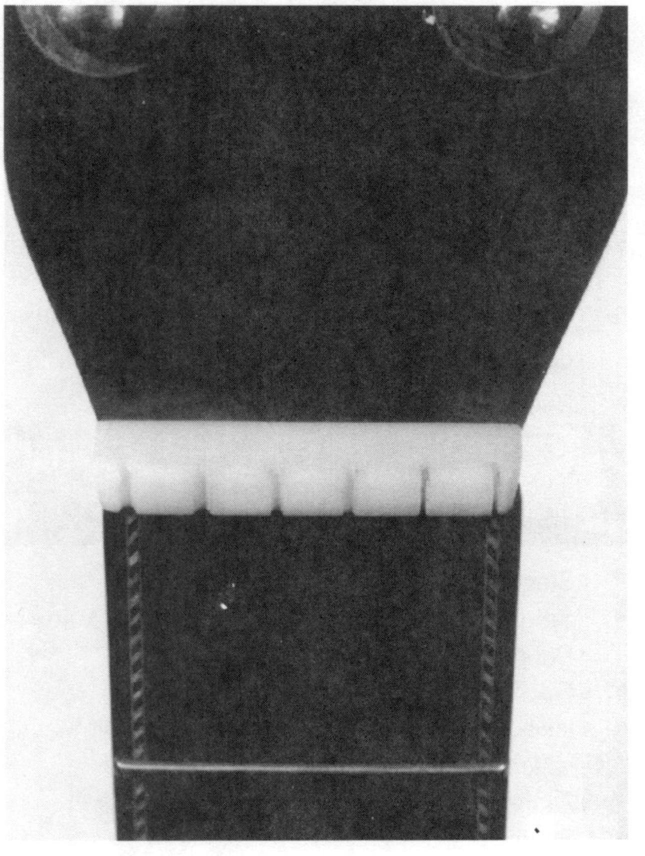

Abb. 41 Fertiger Sattel

11. Nun führst Du den letzten Test durch (siehe Seite 20), ob alles stimmt, bevor Du den Sattel nochmal herausnimmst und an der Unterseite mit ein wenig Leim einstreichst. Der Sattel wird auf diese Weise fixiert, wenn Du sofort die Saiten aufziehst.

Tja, gar nicht so einfach und wie immer der Tip: Weißt Du nicht mehr weiter, Werkstatt aufsuchen!

Noch ein paar Worte zu den Kunststoffsätteln, die man in Musikläden fertig kaufen kann. Meistens passen sie (noch) nicht richtig in die Sattelfuge. Du kannst sie dann ähnlich einpassen wie den Knochenrohling, aber nur wenn sie nicht allzu sehr von den Maßen des alten Sattels abweichen. Du sparst Dir damit u. U. einiges an Zeit.

2.6 Projekt „neue Stegeinlage herstellen"

Einige Arbeitsgänge sind hier ähnlich wie beim Projekt „neuen Sattel anfertigen".

Wann ist es nötig, eine neue Stegeinlage herzustellen?

- Wenn die alte Stegeinlage gebrochen ist.
- Wenn die Stegeinlage zu niedrig für die normale Saitenlage ist und beim Unterlegen aus der Stegfräsung kippen würde.
- Wenn Du Deine Kunststoff-Stegeinlage gegen eine Knocheneinlage tauschen willst.
- Wenn die alte Stegeinlage zu schmal ist und in der Stegfräsung nach vorne abkippt.

Welches Werkzeug bzw. Material brauchst Du?

- Stegrohling aus Knochen
- Schleifpapier Körnung 120 und 180 sowie Doppelklebeband
- Flachfeile
- kleine Metallsäge (evt. eine Laubsäge mit Metallsägeblatt)
- Zange
- Schraubstock
- Stahlwolle 000 oder 0000
- Bleistift und Lineal

Im Kapitel 2.3 „Saitenlage einstellen - Die Stegeinlage" Seite 22 wurden schon einzelne Schritte und Arbeiten zur Stegeinlage, zur richtigen Höhe und zum richtigen Radius erklärt. Um in diesem Kapitel die Übersichtlichkeit zu wahren, kann es zu Wiederholungen kommen.

1. Voraussetzung dafür, eine neue Stegeinlage herzustellen ist, daß der Hals und Sattel Deiner Gitarre korrekt eingestellt sind und sie richtig gestimmt ist. Wie im Kapitel „Saitenlage einstellen" beschrieben, mißt Du nun die Saitenlage am 12. Bund (Zur Erinnerung: Standardmaß E-Saite 3.0 mm - e-Saite 2.5 mm) und notierst die Maße.

2. Saiten abspannen und die Stegeinlage herausnehmen, falls sie sehr fest sitzt, **vorsichtig** mit einer Zange herausziehen.

3. Jetzt mußt Du den Knochenrohling auf die Breite der Stegfräsung schleifen. Dazu klebst Du am besten Schleifpapier der Körnung 120 mit einem Doppelklebeband auf eine ebene Unterlage. Rohling beidseitig abschleifen und immer wieder probieren, ob er gut in die Stegfräsung paßt. Die Stegfräsung säuberst Du vorher mit einem Pinsel. Wenn der Schmutz hartnäckiger ist bzw. Holzsplitter in der Fräsung sind, hilft ein kleines Stück Schleifpapier der Körnung 180, das Du doppelt faltest. Achte darauf, daß Du dabei die Stegfräsung nicht keilförmig ausschleifst (vgl. Abb. 42).

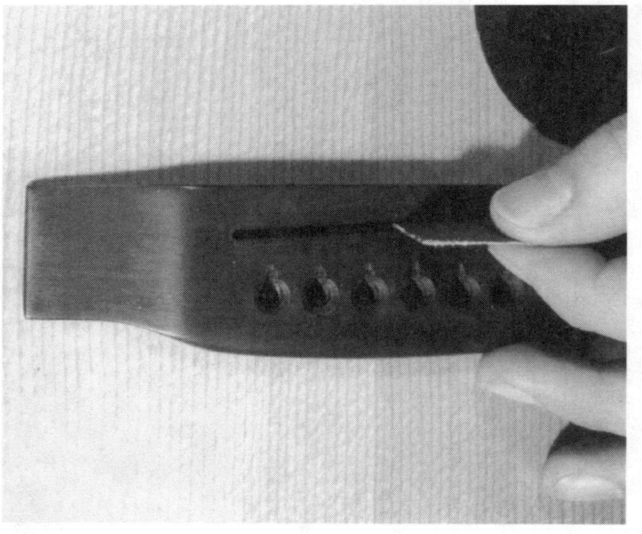

Abb. 42 Säubern der Stegführung.

4. Paßt der Rohling in der Breite, dann schleife die Unterseite gerade und kontrolliere mit dem Lineal nach. Miß die Länge der Stegfräsung oder lege die alte Einlage (falls sie in der Länge paßte) auf den Rohling und zeichne die Länge an. Der Rohling wird mit einer feinen Metallsäge (evtl. Laubsäge) gekürzt und nachgefeilt. Für diese und die folgenden Arbeiten verwendest Du am besten einen Schraubstock.

5. Anschließend werden die Längsseiten mit einer Flachfeile so gerundet, daß sie in die Stegfräsung passen. Die Stegeinlage sollte weder wackeln, noch zu „streng" hineingehen. Sollte die Stegeinlage trotz aller Bemühungen immer noch unsauber sitzen, dann muß die Stegfräsung vom Fachmann nachgefräst werden.

6. Jetzt wird die Stegeinlage in der Höhe eingepaßt.

a) War die alte Stegeinlage in Höhe und Radius in Ordnung, dann wird sie einfach auf den Rohling gelegt und abgezeichnet (vgl. Abb. 43). Anschließend wird der Rohling mit Feile und Schleifpapier auf das richtige Maß gebracht. Die Oberkante der Stegeinlage wird noch mit Feile und Schleifpapier verrundet, sowie die Ecken entschärft. Die Stegeinlage anschließend mit Schleifpapier der Körnung 180 feinschleifen und mit Stahlwolle polieren.

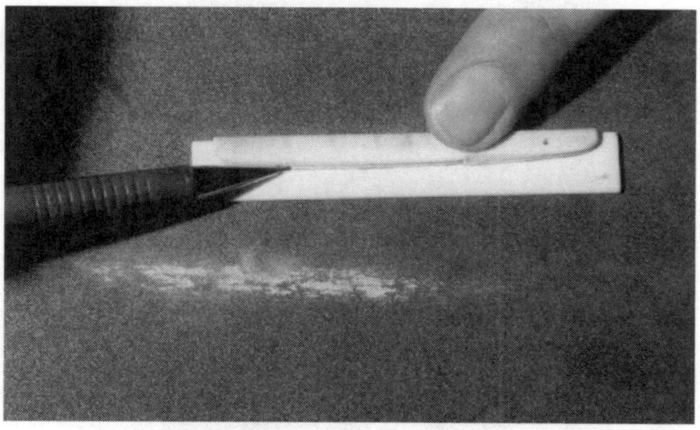

Abb. 43 Abzeichnen der alten Stegeinlage auf den Rohling.

b) Sollte die alte Stegeinlage zu **niedrig** sein, so mußt Du die neue Einlage um den entsprechenden Betrag höher herstellen (statt etwas unterzulegen).

c) Sollte die alte Stegeinlage zu hoch sein, kürzt Du den Stegrohling so, wie auf Seite 22 beschrieben.

Vorgefertigte Stegeinlagen aus Kunststoff kannst Du in ähnlicher Weise anpassen, wie oben beschrieben. Achte beim Kauf darauf, daß der Kunststoff möglichst hart ist.

2.7 Die Mechaniken

Die Mechaniken haben die Aufgabe, die Saiten zu spannen, die Spannung und damit die Tonhöhe zu verändern und die Spannung zu halten. Meistens machen sie das auch, aber im Laufe der Jahre verschleißen sie und verlieren an Präzision.

Die handelsüblichen Mechaniken für Stahlsaiten-Gitarren sind Einzelmechaniken (d. h. sie sind nicht auf einem Metallband befestigt, wie bei den klassischen Gitarren). Sie haben eine Untersetzung von ca. 14:1. Befestigt werden sie im Gitarrenkopf entweder von oben mit einer Mutter über der Achse und einer Schraube von hinten gesichert, oder nur von hinten mit 2 bis 4 Schrauben.

Billige Mechaniken erkennt man daran, daß sie offen, d. h. ohne Gehäuse sind. Manchmal sind sie auch mit einer dünnen Blechhaube abgedeckt. Es steht kein Firmenname darauf. Gute Mechaniken gibt es von den Firmen Gotoh, Schaller und Grover. Diese Firmen verwenden Metallgußgehäuse und dauergeschmierte Zahnräder (vgl. Abb. 44).

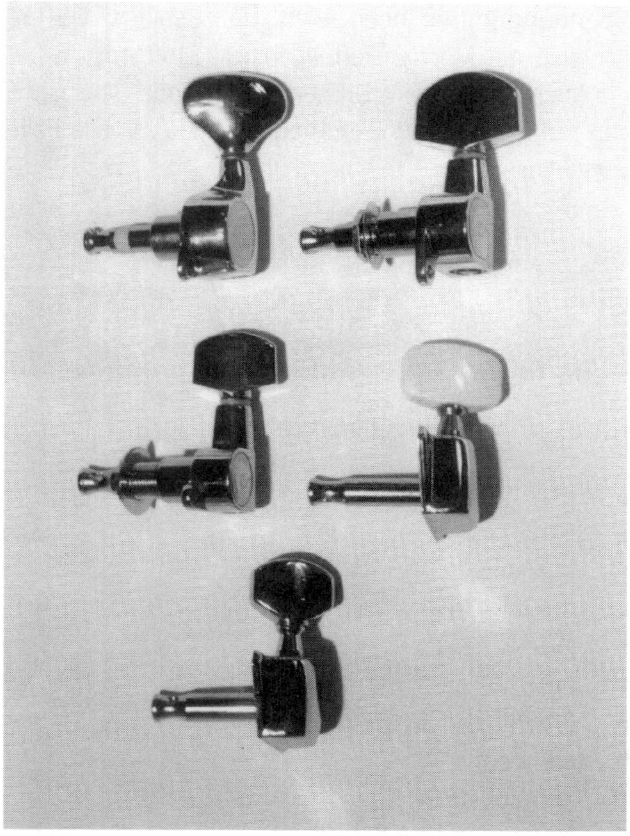

Abb. 44 Mechaniken für Westerngitarren.

Wenn es Probleme mit dem Halten der Stimmung gibt, so werden fast immer die Mechaniken als Grund dafür angesehen. Dies ist aber eher selten der Fall.

- Überprüfe zuerst Deinen Sattel, ob die Kerben nicht zu eng sind. Dazu stimmst Du z. B. die D-Saite um ca.1 bis 2 Töne rauf und runter, wenn es dabei knackt und die Saite sprunghaft ihre Stimmung ändert, dann muß die Kerbe etwas aufgeweitet werden (siehe Kapitel „der Sattel“, Seite 26).

- Überprüfe, ob Du die Saiten korrekt aufgezogen hast. Wie man das macht steht auf Seite 16-17.

- Manchmal liegt es an den Saiten. Probiere, ob sich mit einem neuen Saitensatz das Halten der Stimmung verbessert.

- Überprüfe, ob Deine Mechaniken fest sitzen. Dazu die Saiten entspannen und die Muttern und Schrauben anziehen, auch die Flügel, falls sie geschraubt sind. Hinweis: Die Achsen der Mechaniken wackeln immer etwas in ihren Führungen, auch bei den teureren Modellen. Erst wenn die Saiten aufgespannt werden, ziehen sich die Achsen fest.

Hast Du all dies überprüft und die Saiten halten die Spannung immer noch nicht, dann solltest Du tatsächlich die Mechaniken wechseln. Übrigens: Wenn die Mechaniken beim Drehen knirschende Geräusche von sich geben bzw. klemmen, sind sie auf alle Fälle verschliessen.

Abb. 45 Das alte Bohrloch wird mit einem Zahnstocher verschlossen

2.7.1 Die Mechaniken wechseln

Folgendendes Werkzeug brauchst Du dazu:

- Schraubenschlüssel (Größe 10)
- Schraubenzieher

bei Bedarf:

- Bohrer 1,5 mm + Handbohrer
- Zahnstocher
- Leim
- Filzstift im Farbton des Holzes
- Klebeband
- Schraubstock
- Feuerzeug oder Lötkolben

1. Saiten abspannen, Muttern und Schrauben lösen und die Mechanik vorsichtig vom Kopf lösen. Achtung, manchmal haben sich die Mechaniken in den Lack hineingedrückt und können beim Herausziehen Lacksplitter mitnehmen.

2. Ideal ist es, wenn Du die gleichen Mechaniken zu kaufen bekommst wie die alten. Dann gibt es keine Probleme mit der Befestigung.

3. Falls die Bohrungen für die Befestigungsschrauben an der Rückseite des Kopfes nicht passen, weil die Original-Mechaniken nicht mehr zu bekommen sind oder Du bessere Mechaniken montieren willst, dann mußt Du als erstes die alten Bohrungen verschließen. Dazu nimmst Du einen Zahnstocher, steckst ihn in die Bohrung und markierst ihn am Rand (Abb. 45).

Abb. 46 Aufgefülltes Bohrloch

Schneide den Zahnstocher kurz unter der Markierung ab, streiche ihn mit etwas Leim ein und stecke ihn bündig in die Bohrung. Leim abwischen und trocknen lassen. Jetzt kannst Du noch versuchen, mit einem passenden Filzstift die aufgefüllte Bohrung zu retuschieren.

4. Anschließend wird das neue Befestigungsloch vorsichtig mit einem 1,5 mm Bohrer gebohrt. Am besten markierst Du die Schraubentiefe mit einem Klebeband am Bohrer, damit der Kopf nicht aus Versehen durchbohrt wird.

5. Die Bohrungen für die Achsen haben meist 10 mm Durchmesser. Falls die Achsen der neuen Mechaniken zu groß oder zu klein dafür sind, dann solltest Du die Gitarre in die Werkstatt bringen. Beide Fälle sind nur mit Erfahrung sauber zu lösen.

6. Mechanikmuttern und Schrauben nach ein paar Wochen nachziehen.

In einigen Fällen lohnt es sich, die Mechaniken zu reparieren, statt zu erneuern, z. B. wenn es alte, nicht mehr erhältliche Mechaniken an wertvollen, alten Instrumenten sind.

Folgende Fälle können in der Regel repariert werden:

1. Die Flügelachse (nur bei dünnen Achsen) ist verbogen: Die Mechanik ausbauen, in den Schraubstock spannen und versuchen mit vorsichtigen Hammerschlägen oder einer Zange die Achse auszurichten. Die Flügelachsen brechen allerdings oft, wenn die vorherige Verbiegung zu stark und das Material zu spröde ist.

2. Die Kunststoff-Flügel sind abgebrochen: Im Musikladen gibt es meistens eine Auswahl an Ersatzknöpfen. Mechanik ausbauen und mit einem Feuerzeug oder Lötkolben die Flügelachse solange erhitzen, bis sich der Knopf aufdrücken läßt.

2.8 Die Bünde

Zum besseren Verständnis beschreiben wir, welche Defekte an den Bünden auftreten können und wie man diese behebt. **Diese Arbeiten sind in der Regel dem Fachmann vorbehalten. Bei unsachgemäßem Vorgehen kann man großen Schaden am Instrument anrichten. Eine Reparatur wird dann aufwendig und teuer.**

Aufbau der Bünde

Die Bünde auf Westerngitarren bestehen aus Neusilber, einer Metalllegierung, die tatsächlich kein Silber enthält. Die Härte des Bunddrahts wird von der Zusammensetzung der Legierung und der Bearbeitung bestimmt. Für Westerngitarren wird relativ harter Draht verwendet, der nicht so schnell von den Saiten abgenutzt wird. Trotzdem sind Bünde bei Stahlsaiten-Gitarren Verschleißteile. Die heute üblichen Bünde sind folgendermaßen aufgebaut:

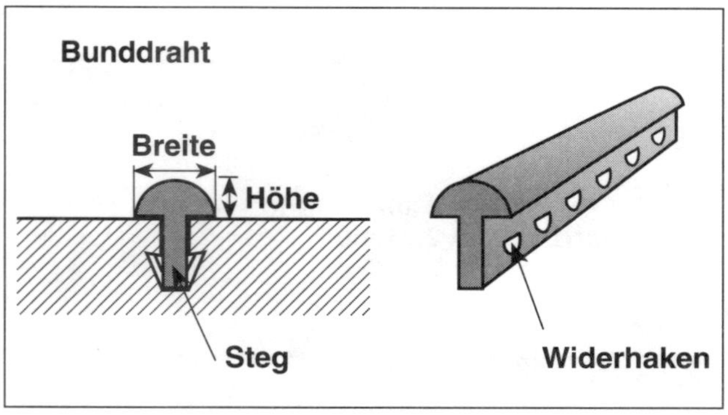

Abb. 47

Ihr Querschnitt ist pilzförmig. Der Steg dient der Verankerung des Bundes im Griffbrett und trägt kleine, versetzt angeordnete Widerhaken. Die Bünde werden von oben in das eingesägte Griffbrett gepresst oder gehämmert. Manche Firmen kleben die Bünde auch noch ein, damit sie sicher im Griffbrett bleiben. Der bei Westerngitarren übliche Bunddraht ist ca. 2 mm breit und knapp 1 mm hoch. Es gibt noch andere Bundgrößen, die jedoch für Westerngitarren selten verwendet werden.

Probleme mit Bünden

An den Bünden können einige Probleme auftreten, die schnarrende und absterbende Töne verursachen.

1. Häufigstes Problem sind abgespielte Bünde. Durch die Vibration und das Hin- und Herbewegen der Saiten auf den Bünden, kerben sich die Saiten immer tiefer in die Bünde ein. Dadurch wird die Auflage auf dem Bund immer breiter, bis ein Sirren auf dem Bund entsteht. Dazu kommt, daß man die Bünde meist unterschiedlich abspielt, da man nicht jeden Bund gleich häufig spielt und auch nicht in allen Lagen die Saiten zieht. Dadurch bekommen die Bünde unterschiedliche Höhen. Folgt auf einen abgespielten ein weniger abgespielter Bund und man greift am abgenutzten, so schlägt die Saite auf den nächsten Bund auf und schnarrt. Außerdem verschiebt sich bei einem zu breitgespielten Bund der Auflagepunkt der Saite und dies kann Probleme mit der Intonation ergeben.

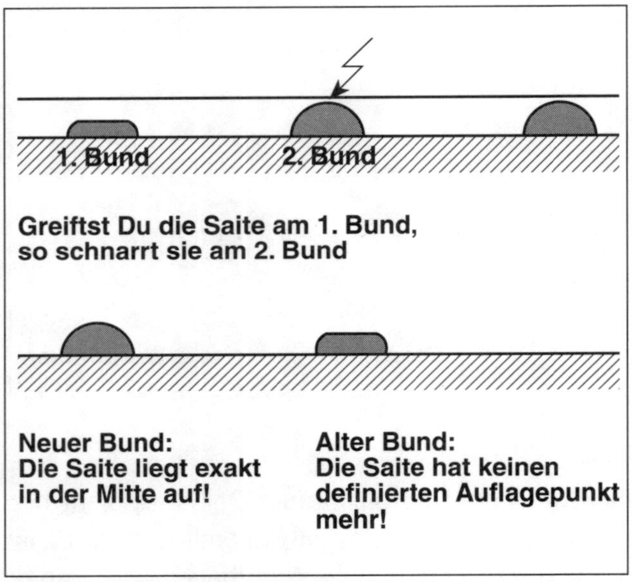

Abb. 48

2. Häufig sind die Bünde auch schon ab Werk unterschiedlich hoch. Dies kann passieren, wenn die Bünde ungleich kräftig in das Griffbrett gepresst oder geschlagen wurden.

Unterschiedlich hohe Bünde, wie in 1. und 2. beschrieben, lassen sich meist durch Abrichten korrigiern. Unter Abrichten versteht man das Abschleifen der Bünde auf gleiches Niveau und anschließendes Runden und Polieren.

3. Die Bünde sind unterschiedlich hoch, liegen jedoch nicht auf dem Griffbrett auf. Drückt man auf den Bund, so federt er. Dieses Problem taucht häufig an den Bundenden auf. Es kann 2 Ursachen haben. Entweder war der Bunddraht nicht im gleichen Radius wie das Griffbrett gebogen oder das Griffbrett ist durch zu trockene Luft geschrumpft und hat so die Bünde gelockert. Im Normalfall müssen die lockeren Bünde herausgezogen, entsprechend dem Griffbrettradius nachgebogen und wieder eingesetzt werden. Sind sie dann, obwohl sie fest sitzen, immer noch unterschiedlich hoch, müssen sie abgerichtet werden.

Abb. 49 Die Bünde haben sich am Griffbrettende gelockert.

4. Leichtere Wellen im Griffbrett lassen sich ebenfalls durch das Abrichten der Bünde ausgleichen. Häufigste Stelle solch einer Welle ist der Hals-Korpus-Übergang. Die Bünde werden im Bereich der Welle etwas mehr abgeschliffen und man gleicht so die Unebenheit aus. Dies funktioniert nur dann, wenn die Bünde dadurch nicht zu flach werden.

5. Die Bundenden stehen seitlich über das Griffbrett hinaus. Ursache ist das Schwinden des Griffbrettes, wenn die Luft trockener wird oder das Griffbrett zu frisch verarbeitet wurde. Die Bundenden abzufeilen ist eine heikle Sache, da der Lack an der Griffbrettkante nicht verletzt werden darf, bzw. leicht angeschliffen und wieder hochpoliert werden muß.

Wann brauchst Du neue Bünde?

1. Falls die Kerben in den Bünden so tief sind, daß sie beim Abrichten zu flach werden. In manchen Fällen sind nur die ersten paar Bünde abgespielt und es genügt, diese entsprechenden Bünde auszuwechseln.

2. Falls der Hals so verzogen ist, daß sich keine normale Saitenlage mehr einstellen läßt und durch Abrichten der Bünde zuwenig ausgeglichen werden kann. Hier hilft dann nur, die Bünde herauszunehmen, das Griffbrett geradezuschleifen und neue Bünde einzusetzen.

3. Falls die Fase, d. h. Abschrägung an den Bundenden soweit an die beiden äußeren Saiten herangeht, daß man beim Greifen mit diesen Saiten ständig nach außen abrutscht.

Abb. 50 Diese Bünde sollten ausgewechselt werden

2.9 Risse und Brüche

Das folgende Kapitel soll Dir verdeutlichen, warum Risse und Brüche entstehen können. Du erhälst Hinweise, wie Du auch versteckte Schäden schnell erkennen und früh genug Gegenmaßnahmen treffen kannst. **Bei Holz- und Lackschäden solltest Du immer die Werkstatt aufsuchen.**

Ursachen für Risse und Brüche an Gitarren

1. Durch sehr trockene Luft zieht sich das Holz zusammen. Es entstehen Spannungen in der Gitarre, die zu Schwindungsrissen führen können, falls die Elastizität des Holzes nicht ausreicht. Das Holz schwindet quer zur Maserung am stärksten, weshalb an manchen Stellen die Rißgefahr besonders groß ist. Die häufigsten Schwindungsrisse entstehen auf der Decke links und rechts neben dem Griffbrett, im Griffbrett selbst oder am Boden. Auch die Leimfugen können durch das Schwinden des Holzes aufgehen. Dies kommt ab und zu bei der Boden- oder Decken-Mittelfuge vor.

2. Kommt zur Trockenheit noch eine mechanische Belastung dazu, so erhöht sich die Rißgefahr. Dies ist vor allem auf der Decke im Bereich des Steges der Fall.

3. Durch den ständigen Saitenzug treten Spannungen auf, die Risse entstehen und Leimverbindungen aufgehen lassen können. Häufig gibt es Risse auf der Decke, die Hals- Korpusverbindung lockert sich und die Balken im Inneren der Gitarre lösen sich. Auch die Verbindung zwischen Griffbrett und Hals bzw. Decke kann durch den Saitenzug aufgehen. Die Leimverbindung zwischen Steg und Decke wird vom Zug der Saiten besonders stark beansprucht. Die Saiten kippen den Steg nach vorne, dadurch können sich Steg und Decke verformen oder die Verleimung von Steg und Decke aufgehen. Daher solltest Du von Zeit zu Zeit kontrollieren, ob sich der Steg von der Decke abhebt. Auch ein kleiner Spalt ist ein Zeichen für die beginnende Ablösung.

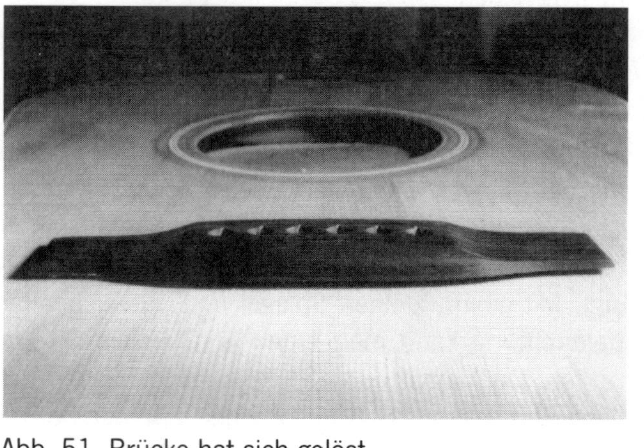

Abb. 51 Brücke hat sich gelöst

4. Zu streng eingepasste Mechaniken oder Befestigungsschrauben können das Holz sprengen.

5. Häufigste Ursache für Holzschäden sind Einwirkungen auf das Instrument wie Schläge oder Umfallen. Eingedrückte Korpusstellen, Absplitterungen oder Risse können die Folge sein. Sehr häufig ist auch ein Kopfbruch bei Westerngitarren (vgl. Abb. 52). Bedingt durch den einteiligen Hals und die angewinkelte Kopfplatte ist diese Stelle besonders empfindlich gegen Stöße.

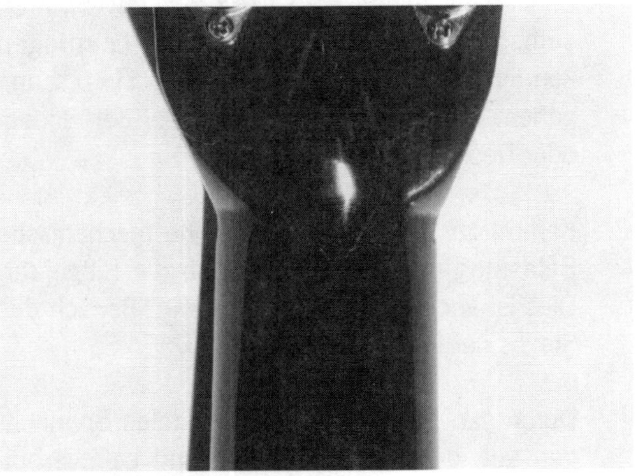

Abb. 52 Typischer Kopfbruch

Auch der Koffer bietet keinen vollständigen Schutz. Fällt die Gitarre mit Koffer auf einen harten Untergrund, so können Risse im Korpus oder am Hals entstehen.
Sollte Dir einmal Deine Gitarre herunterfallen oder etwas darauffallen, so untersuche sie hinterher genau. Verstimmte Saiten und/oder eine veränderte Saitenlage sind ein Zeichen dafür, daß ein Schaden entstanden ist. Risse lassen sich teilweise nur schwer erkennen. So manchen Riß kannst Du kaum sehen, Du wirst ihn aber sofort spüren, wenn Du mit Deinen Fingern über die Gitarre streichst (quer zur Maserungsrichtung).
Abgelöste oder gerissene Balken im Korpus können bei bestimmten Tönen mitschwingen und ein Scheppern erzeugen. Um zu prüfen, ob ein Balken locker ist kannst Du vorsichtig mit der Fingerkuppe (nicht mit dem Fingernagel!) Decke oder Boden Stück für Stück abklopfen. Ist ein klapperndes Geräusch zu hören, ist höchstwahrscheinlich ein Balken beschädigt. Mit einem kleinen Spiegel und ausreichender Beleuchtung kann man einen Blick in die Gitarre werfen. Du kannst auch bei gelockerten Saiten mit der Hand durch das Schalloch den Sitz der Balken prüfen.

Nur ein Lackriß oder Riß im Holz?

Ob ein Riß durch Lack oder Holz geht, ist nicht immer leicht zu erkennen. Lackrisse können durch Spannungen im Lack selbst auftreten. Dies geschieht häufig bei Nitrolacken, die im Laufe der Jahre verspröden und dann brüchig werden. Lackrisse können auch durch sehr niedrige Temparaturen entstehen. Auch ein wenig elastischer Lack und starkes Schwinden des Holzes kann Risse verursachen.
Ein Lackriß ist zunächst nicht gefährlich für Deine Gitarre. Allerdings können Feuchtigkeit und Schmutz mit der Zeit durch den Riß in das Holz eindringen und ihm so schaden. Daher ist es ratsam, Lackrisse ausbessern zu lassen.

Wie erkennst Du nun einen Riß, der auch im Holz ist?

Läßt sich das Holz links und rechts neben dem Riß durch leichten Druck gegeneinander verschieben, ist dies ein Zeichen, daß der Riß auch in das Holz geht. Allerdings: Ein Anriß im Holz kann auch vorhanden sein, wenn sich die Rißkanten nicht gegeneinander verschieben lassen. Das kann nur der Fachmann feststellen.

Was ist zu tun bei Rissen und Brüchen?

- Saiten lockern.
- Abgerissene oder abgebrochene Teile aufheben.
- Bruchstellen und Risse sauber halten.
- Kein Poliermittel, Fett oder Feuchtigkeit an die beschädigte Stelle kommen lassen.
- Keine Reparaturversuche mit Klebstoffen oder Leim.
- Klebestreifen sollten nur im Notfall kurzzeitig kleine Risse schützen (z. B. bei einem Auftritt). Der Klebstoff von Klebestreifen kann sich mit dem Lack verbinden oder kaum entfernbare Rückstände hinterlassen. Suche am besten Deine Werkstatt auf.

2.10 Der Lack

Im Kapitel **Risse und Brüche** haben wir kurz über den Lack geredet.
Was bewirkt nun der Lack auf der Oberfläche Deiner Gitarre ?

1. Er soll das (weiche) Holz vor mechanischer Beschädigung schützen.
2. Der Lack soll die Oberfläche vor Feuchtigkeit schützen und Luftfeuchtigkeitsschwankungen ausgleichen.
3. Der (transparente) Lack belebt die Holzoberfläche und läßt die Maserung wesentlich besser zum Vorschein kommen.
4. Durch farbige Lacke und spezielle Lackierungen wie sunburst, metallic, oder Airbrush-Arbeiten kann man seine Gitarre nach eigenem Geschmack verschönern. Dies wird fast nur im E-Gitarren Bereich eingesetzt.

Akustikgitarren sollten eine möglichst dünne Lackschicht haben, um nicht das schwingende Holz zu sehr zu dämpfen.
Im allgemeinen ist bei billigeren Gitarren die Lackschicht dicker, als bei teureren Modellen. Das liegt daran, daß sich dickere Lacke leichter industriell verarbeiten lassen.

Welche Lackarten gibt es nun?

1. **Nitrolacke**
   Diese Lacke wurden vor allem in den USA im Instrumentenbau eingesetzt. Gibson, Fender, Martin usw. sind Firmen, die diesen Lack seit Jahrzehnten verwendeten. Der Vorteil ist, daß man schon mit wenigen Schichten die Holzoberfläche porenfrei versiegeln kann, d. h. man kann ihn dünn auftragen. Ein weiterer Vorteil ist, daß man ihn auch nach Jahrzehnten noch anlösen, teillackieren und damit reparieren kann. Der Nachteil ist der hohe Anteil an giftigen Lösungsmitteln, die bei der Verarbeitung zu großen Umweltproblemen führen. In einigen US-Staaten ist deshalb der Umgang damit inzwischen verboten. Ein weiterer Nachteil ist die allmähliche Versprödung des Lacks, was feine Haarrisse zur Folge hat. Allerdings schätzen manche Gitarristen dieses Aussehen an ihren (Jazz-) Gitarren.

Achtung: Nitrolack ist alkohollöslich, deshalb Vorsicht mit Polituren, Reinigungsmitteln und Whiskey!

2. **Polyester-Lacke**
   Diese Lacke werden v. a. bei billigeren Instrumenten eingesetzt, da sie schnell aushärten und sich sehr dick auftragen lassen. Die Oberfläche läßt sich problemlos aufpolieren. Der Nachteil ist die hohe Schichtdicke.

3. **DD-Lacke**
   Diese sogenannten 2-Komponenten-Lacke lassen sich sehr dünn auftragen, härten schnell aus und ergeben eine schöne Oberfläche. DD-Lacke sind sehr widerstandsfähig. Im Instrumentenbau (v. a. Akustikbau) werden sie immer häufiger eingesetzt und sind eine Alternative zu Nitrolacken. DD-Lacke können nur bedingt ausgebessert werden.

4. **Schellack**
   Schellack wird fast ausschließlich im Klassik-Gitarrenbereich und im historischen Instrumentenbau angewendet. Er ist aus natürlichen Bestandteilen hergestellt (aus Lackläusen und deren Aussscheidungen!!) und alkohollöslich. Es erfordert viel Erfahrung, um eine gute, geschlossene Oberfläche zu erzielen. Der Vorteil ist, daß er sehr dünn aufgetragen werden kann und dadurch das Schwingen des Holzes kaum behindert. Durch die Alkohollöslichkeit kann er sehr gut ausgebessert werden. Allerdings ist Schellack sehr empfindlich und schon ein leichtes Kratzen mit dem Fingernagel beschädigt die Oberfläche.

Noch ein paar Anmerkungen zu Ölen und Wachsen für Holzoberflächen. Sie können eigentlich nur für harte und dunkle Hölzer verwendet werden und bieten einen relativ guten Schutz vor Feuchtigkeit und Schmutz. Durch die geringe Abriebfestigkeit muß das Holz aber öfter behandelt werden. Bei hellen Hölzern, wie z. B. Ahorn muß mit einer bleibenden Vergilbung der Oberfläche gerechnet werden. Bei Akustik-Gitarren werden Öle und Wachse auf rohem Holz höchstens für Halsrückseiten verwendet.
Für schwingende, dünne Hölzer bedeutet das eindringende Öl eine deutliche Dämpfung im Klang.

Welche Lack-Schäden sind nun am häufigsten?

1. Abspielen des Lacks auf der Decke durch das Plektrum oder Fingernägel.
   Abhilfe: rechtzeitig einen Schlagschutz aufkleben. Die gibt es aus Kunststoffmaterial in dunklen Farben und verschiedenen Stärken. Am elegantesten ist eine dünne, transparente, selbstklebende Folie, die man mit der Schere zuschneiden und selber aufkleben kann. Ist sie arg abgespielt, läßt sie sich in der Regel wieder vorsichtig ablösen.
2. Der Lack am Gitarrenboden wird durch Gürtelschnallen oder Hosenknöpfe abgewetzt.
   Abhilfe: ebenfalls transparente Folie oder Gürtelschnalle weglassen.
3. Der Lack ist auf der Halsrückseite abgespielt oder durch das Kapo beschädigt.
   Abhilfe: In der Werkstatt nachlackieren lassen. Kapo suchen, bei dem der Bügel besser gepolstert ist.
4. Der Lack ist durch einen Holzriß ebenfalls beschädigt. Ein Fall für die Werkstatt.
5. Der Lack hat feine Haarrisse bekommen, entweder weil die Gitarre im Auto im Winter vergessen wurde (Der Lack zieht sich dann so zusammen, daß er reißt), oder alter Nitrolack versprödet im Laufe der Jahrzehnte soweit, daß er ebenfalls reißt. In beiden Fällen ist das weiter kein Schaden für das Instrument. Bei alten wertvollen Instrumenten sollte man ohnehin den Lack nicht verändern, z. B. mit einer Neulackierung, da sonst der Sammler-Wert des Instruments sinken könnte.
6. Der Lack ist durch Stöße und Kratzer unansehnlich geworden. Abhilfe: Sind die Kratzer und Stöße nicht allzu tief, so können sie herausgeschliffen, bzw. ausgebessert werden. Anschließend wird der Lack wieder hochpoliert. Ob dies möglich ist, muß eine Fachwerkstatt entscheiden.

Wann ist eine Neulackierung nötig?

Wenn der Lack durch zu tiefe Kratzer und abgespielte Stellen bis zur Holzoberfläche nicht mehr reparabel ist. Bei neueren Instrumenten, die noch keine Sammlerobjekte sind, bedeutet eine Neulackierung evtl. eine Wertsteigerung.

Bei manchen Gitarren, die eine dicke Deckenlackierung haben, kann das Abtragen des alten Lacks und eine Neulackierung mit dünner Lackschicht zu einer deutlichen Klangverbesserung führen.
Aus umwelttechnischen Problemen werden in Zukunft zunehmend wasserlösliche Acryllacke und Naturharzlacke eingesetzt.
Lackarbeiten sind eine ziemlich teure Angelegenheit, da sie sehr viel Erfahrung, Aufwand und manchmal eine Lackanalyse erfordern.

2.11 Tonabnehmer für Akustik-Gitarren

Um es vorweg zu sagen: Es ist ziemlich schwierig, eine akustische Gitarre so zu verstärken, daß sie natürlich klingt. Die Verstärkung hängt v. a. von 2 Faktoren ab: vom Tonabnehmer (TA)-System und vom Verstärker-/Lautsprecher-System, nicht zuletzt auch vom subjektiven Geschmacksempfinden des Musikers und des Publikums.
In diesem Kapitel geht es v. a. um die TA-Systeme in und an der Gitarre. Zu den Verstärker-/Lautsprechersystemen gibt es am Schluß noch ein paar Tips.

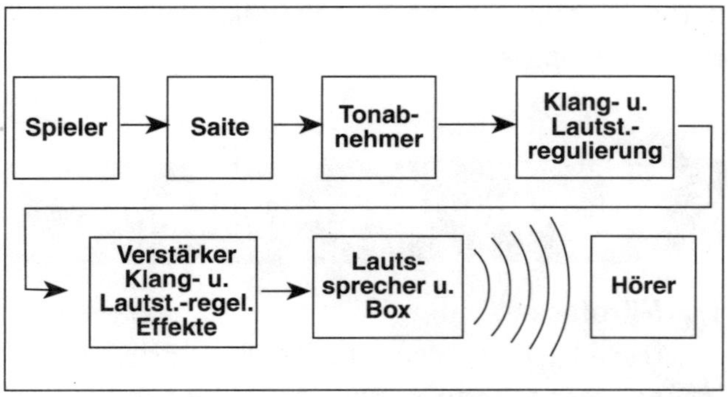

Abb. 56 So funktioniert die Tonübertragungskette vom Spieler zum Hörer bei Tonabnehmern.

Wie wir öfter erwähnten, war das Ziel von Gitarrenbauern, immer lautere Instrumente herzustellen, die auch in Gruppen und Orchestern bestehen konnten. Aus diesem Grund wurde z. B. die E-Gitarre entwickelt. Hier gibt es keine Probleme mit der Rückkopplung, aber eine E-Gitarre klingt nicht wie eine Akustik-Gitarre. Mikrophone wurden schon früh zur Verstärkung eingesetzt. Sie waren aber unzureichend hinsichtlich Lautstärke und Rückkopplung. Einige Firmen bauten in den 50er und 60er Jahren magnetische TA in ihre akustischen Gitarren ein. Der Klang erinnerte aber immer an eine E-Gitarre.

Mitte der 60er Jahre erschien dann mit den Ovation-Gitarren das erste brauchbare TA-System mit Vorverstärker.

Wir möchten Dir hier einen Überblick über die verschiedenen TA-Systeme geben, die angeboten werden. Es soll Dir zur Orientierung dienen und Fehlkäufe vermeiden helfen.

Als erstes solltest Du Dich fragen, für welchen Einsatz Du eine Tonabnahme brauchst:

1. Du willst in einer Band (zusammen mit elektrischen Instrumenten) oder mit anderen Leuten spielen. Du brauchst in so einer Situation v. a. hohe Lautstärke ohne Rückkopplung. Zu empfehlen:

- Piezo-TA + Vorverstärker
- Magnet-TA
- Kombisystem Piezo-TA + Mikrofone
- eingeschränkt Mikrofone innen oder außen

2. Du willst alleine in größeren Räumen oder vor Publikum spielen. Deine Gitarre soll authentisch klingen. Wenn Du alleine spielst, bekommst Du das Rückkopplungsproblem besser in der Griff. Zu empfehlen:

- Piezo-TA + Vorverstärker
- Kombisysteme
- Mikrofon innen oder außen

3. Du willst Aufnahmen auf Deinem Kasettenrekorder machen oder hast ein Homerecording Studio. Hier spielt Rückkopplung keine Rolle. Zu empfehlen:

- Mikrofon außen
- eingeschränkt Mikrofon innen
- eingeschränkt Piezo-TA

Jetzt kommen wir zu den einzelnen Systemen

1. **Piezo-Tonabnehmer**
Bestimmte Kristalle geben bei Verbiegung (Kontakttonabnehmer) oder Druckbelastung (Stegtonabnehmer) Spannung ab. Ihr kennt diesen Effekt von Feuerzeugen mit elektrischer Zündung. Den sogenannten Piezo-Effekt machten sich die Hersteller zunutze, um die Saitenschwingungen der Gitarre in elektrische Signale umzuwandeln.

a) Die Kontakt-Tonabnehmer (Abb. 57) (kleine runde Scheiben oder Gehäuse) werden bei den Gitarren meist in Stegnähe innen oder außen an die Decke mit elastischem Material geklebt.

b) Die Stegtonabnehmer (Abb. 58) sind kleine ca. 2mm breite und 2mm hohe Stäbchen, die in etwa die Länge der Stegeinlage haben. Im Stäbchen sind 6 Einzelkristalle von einer Abschirmfolie umhüllt und diese sitzen genau unter den einzelnen Saiten. Inzwischen gibt es auch flexibles Kunststoffmaterial, mit dem man ebenfalls einen Piezo-Effekt erreichen kann.

Der Einbau der Stegtonabnehmer sollte in der Werkstatt durchgeführt werden, da die Stegfräsung innen geradegefräst werden muß und die Balance, d. h. die gleiche Lautstärke zwischen den Saiten, eine sehr präzise Einstellarbeit bei der Stegeinlage erfordert. Die Kontakttonabnehmer sind billiger und können in der Regel selbst installiert werden. Allerdings sind sie rückkopplungsanfälliger als die Stegtonabnehmer.

Piezo-TA gibt es von folgenden Firmen:
Fishman, LR Baggs, Shadow, Schaller, Barcus Berry, Seymour Duncan EMG u. a.

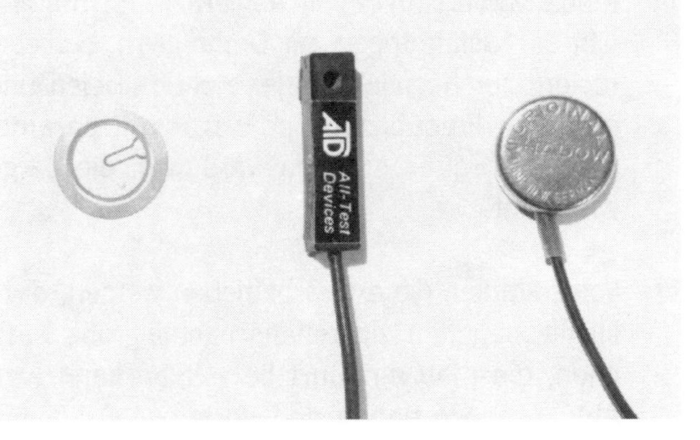

Abb. 57 Kontakttonabnehmer

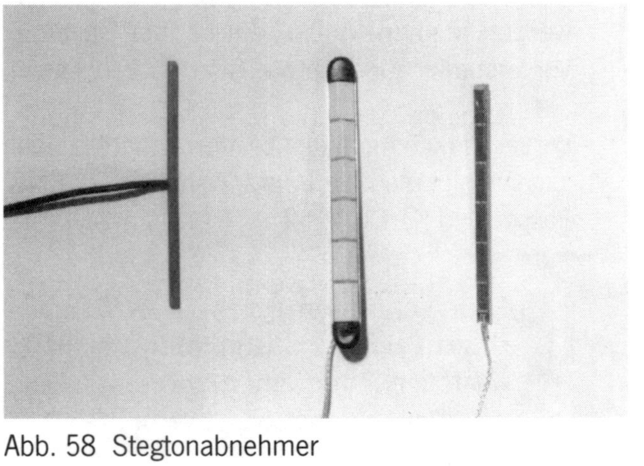

Abb. 58 Stegtonabnehmer

2. **Piezo-TA und Vorverstärker**
Jetzt wird es ein wenig technisch. Da die Piezo-Kristalle einen hohen Eigenwiderstand haben (größer als 1 MOhm = 1 Millionen Ohm) und die verwendeten Gitarrenverstärker und Mischpulte in der Regel weniger als 1 kOhm = 1000 Ohm Eingangswiderstand haben, gibt es eine sogenannte Fehlanpassung. Kurz und gut, der Effekt ist, daß der Piezo-TA, angeschlossen an einen Verstärker, sehr grell und unangenehm „krätzig" klingt. Doch dafür gibt es eine Abhilfe: Den Vorverstärker. Er paßt mit Hilfe einer speziellen Elektronik den TA an den Verstärker an und die Gitarre bekommt nahezu ihr gewohntes akustisches Klangbild zurück.

Bei den Vorverstärkern gibt es mehrere Varianten:

a) Einbauvorverstärker (für den nachträglichen Einbau in die Gitarre), die nur die Anpassung erledigen und keine Regler haben. Sie werden innen am Boden der Gitarre zusammen mit der Batterie mit Klettband befestigt. Von außen ist nichts zu sehen. Die Batterie wird durch das Schalloch gewechselt.

b) Einbauvorverstärker mit Reglern (Abb. 59). Da gibt es Ausführungen mit Drehreglern, Schiebereglern zur Regulierung der Höhen, Tiefen und mittleren Frequenzen und sogar mit parametrischem Equalizern. Sie werden in die Zarge eingebaut.

c) Vorverstärker, die extern betrieben werden, d. h. kleine, ungefähr zigarettenschachtelgroße Kästchen, die man am Gurt befestigen kann (vgl. Abb. 60). Sie haben den Vorteil, daß an den Gitarren nichts gebohrt werden muß und trotzdem Lautstärke und Klang bequem geregelt werden können. Außerdem kannst Du einen Vorverstärker für mehrere Gitarren verwenden.

Vorverstärker für Akustik-Gitarren gibt es von folgenden Firmen: LR Baggs, Fishman, TC, EMG, Passac und Kozlik EAB 2.

TiP
Falls schon ein Piezo-TA in Deiner Gitarre eingebaut ist, probiere einmal im Musikladen einen Vorverstärker aus. Der Unterschied ist verblüffend!

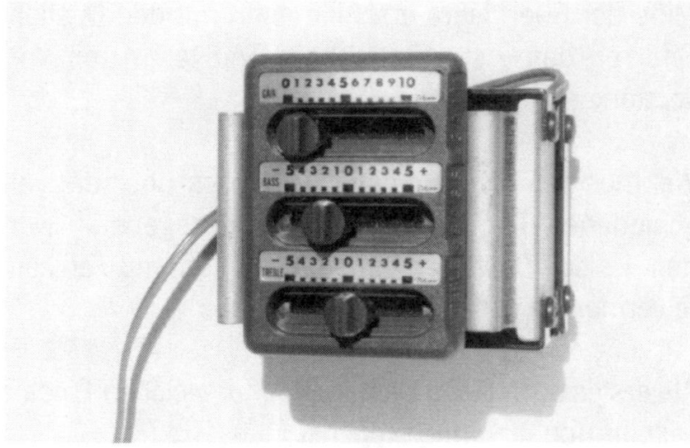
Abb. 59 Einbauvorverstärker

Abb. 60 Externer Vorverstärker

3. **Kombisystem Piezo-TA + Mikro**
Dieses System arbeitet mit zwei unterschiedlichen Prinzipien: Einem Piezo-TA im Steg und einem Mini-Mikrophon im Korpus. Dieses System ist das flexibelste auf dem Markt.
Der Piezo-TA alleine nimmt fast nur den Körperschall der Gitarre auf, das Mikro nur den Luftschall. Kombiniert man beide Systeme, so hat man das volle Klangspektrum, muß aber das Mikro nicht so weit aufdrehen, daß es zu Rückkopplungen kommt. Diese Systeme sind ziemlich teuer (mehr als 1000.–DM), da TA, Mikro und ein 2-kanaliger Vorverstärker benötigt werden. Die Vorverstärker gibt es sogar als Einbauversion.

Folgende Firmen bieten das komplette System an: LR Baggs und Fishman.

Abb. 61 2-kanaliger Vorverstärker für Piezo-TA-Mikro

4. **Mikrofone**
Mikrofone nehmen den akustischen Klang der Gitarre ziemlich identisch ab, haben aber den Nachteil, daß sie bei hohen Lautstärken relativ schnell rückkoppeln. Nur bei teueren Mikros mit spezieller Richtcharakteristik hat man dieses Problem nicht.

a) Es gibt Mikros, die man in die Gitarren einbaut. Meist sind es (Kondensator-) Minimikrofone, die mittels kleiner Schwanenhälse oder über die Endblockbuchse sondenartig in der Gitarre fixiert werden. Vorteil ist hierbei, daß man Bewegungsfreiheit hat und nicht vor dem Mikro sitzen muß.

b) Mikrophone, die von außen auf die Gitarre gerichtet werden, haben den Vorteil, daß sie durch eine spezielle Richtcharakteristik Nebengeräusche, z. B. vom Publikum ausschalten können und kaum Rückkopplungsprobleme haben.

Folgende Firmen bieten Mikros speziell für Gitarren an: Soundlab, de Byl, AKG und Sennheiser.

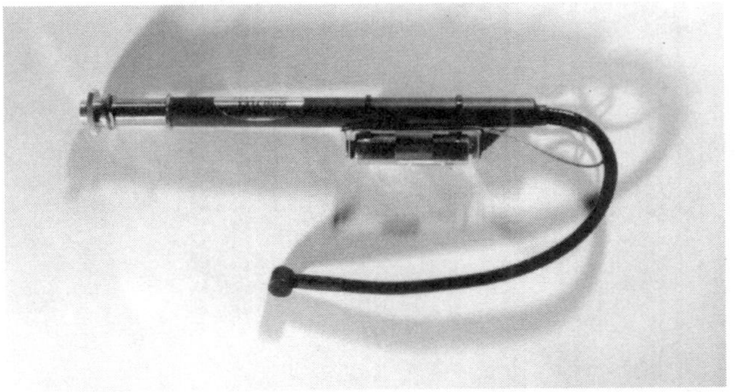

Abb. 63 Einbaumikrofon

5. **Magnetische Tonabnehmer**
Magnetische TA sollen, genauso wie die anderen TA, den Ton linear aufnehmen, d. h. der Ton soll nicht verfälscht und klanglich eingefärbt werden. Magnetische TA für akustische Gitarren werden ausschließlich im Schalloch befestigt, meist mit einer Klemmvorrichtung. Einige Modelle lassen sich auch in der Höhe verstellen. Magnetische TA sind zwar die rückkopplungsärmsten Systeme, aber sie nehmen nur die Saitenschwingungen auf und verfälschen damit etwas das Klangbild. Für den Bandeinsatz sind sie in jedem Fall brauchbar.

Folgende Firmen bieten magnetische TA an: Schaller, Shadow, Barcus Berry, Seymour Duncan, OBL und di Marzio.

Bei einigen TA wird das Kabel aus dem Schalloch herausgeführt. Dies ist nicht besonders praktisch, da es beim Spielen behindert. Besser ist hier eine Buchse in der Gitarre. Idealerweise sollte sie im Endblock statt des Gurtknopfes sitzen. Dazu muß das schon vorhandene Loch aufgeweitet werden. Die Buchse ist für die üblichen Klinkenstecker (6,3 mm) geeignet und kann gleichzeitig als Gurtknopf verwendet werden. Von Buchsen in den Zargen ist abzuraten, da die Zargen sehr dünn sind und ein Stolperer über das Gitarrenkabel genügt, um die Buchse herauszubrechen.

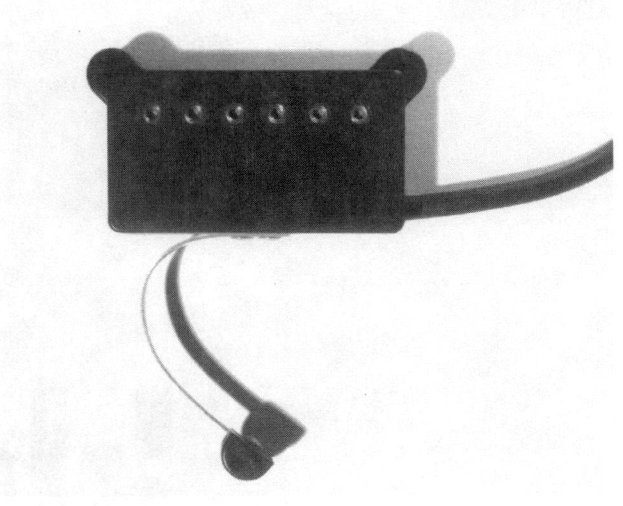

Abb. 63a Magnetische Tonabnehmer

Am Schluß noch ein paar Worte zu Verstärkern für Akustik-Gitarren. Mittlerweile bieten einige Firmen (z. B. Trace Elliot, Lakewood oder Marshall) spezielle Combos für Akustik-Gitarren an, bei denen Verstärker und Lautsprecher in einem Gehäuse montiert sind. Sie haben einen eingebauten Vorverstärker und geben durch spezielle Verstärker und Lautsprecher den Originalklang der Gitarre gut wieder. Sie sind allerdings auch ziemlich teuer (ab 1500.– DM). Billigere Alternativen sind Keyboardverstärker, die aber einen Vorverstärker brauchen. Geeignet sind auch kleine Gesangsanlagen. Wenig geeignet sind E-Gitarren-Combos mit Transistorverstärkern. Sie verfälschen den akustischen Klang erheblich.
Ungeeignet ist auch die Stereoanlage daheim. Sie ist nicht ausgelegt für die hohe Dynamik von Instrumenten. Die Lautsprecher können beschädigt werden.

3.

Die klassische Gitarre

KLASSIK-GITARRE

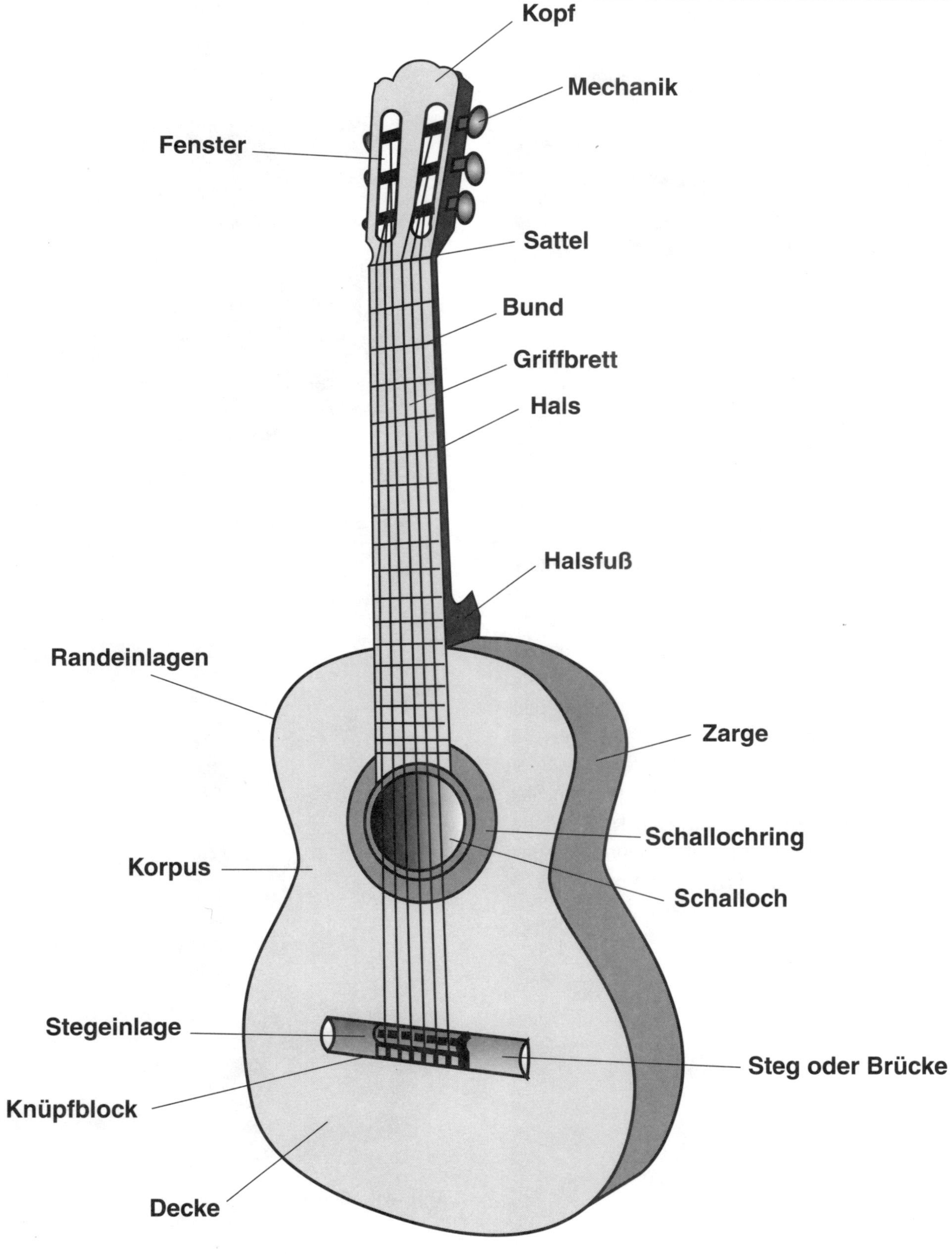

3.1 Allgemeines zur klassischen Gitarre

Die klassische Gitarre ist in vielen Punkten ähnlich aufgebaut wie die Western-Gitarre. Dort, wo es sinnvoll ist, weisen wir deshalb auf die entsprechenden Kapitel hin. Die klassische Gitarre wird auch Konzert- oder Spanische Gitarre genannt. Sie ist mit Nylon-Saiten bespannt, deren geringere Spannung macht eine andere Bauweise des Instruments erforderlich.

Das bedeutet aber auch, daß Du niemals Stahlsaiten auf Deine Klassik-Gitarre spannen darfst.

Durch den geringen Saitenzug können offene und leichter gebaute Mechaniken verwendet werden. Der Hals ist insgesamt etwas breiter, da man für manche Spieltechniken mehr Platz braucht. Zudem besitzt das Griffbrett keine Wölbung. Ebenholz oder Palisander sind für das Griffbrett üblich. Der Hals ist nicht mit einem Stahlstab verstärkt und hat somit auch keine Verstellmöglichkeit. Bei Nylonsaiten bleibt der Hals normalerweise auch ohne Verstärkung gerade. Als Material wird Mahagoni oder auch das leichtere, dennoch stabilere Cedro verwendet. Der Hals-Korpus-Übergang befindet sich am 12. Bund. Die Bünde der Klassik-Gitarre haben die gleichen Maße wie die der Western-Gitarre. Der Korpus ist etwas kleiner und flacher. Boden und Zargen sind aus Palisander oder Mahagoni. Für die Decke wird Fichte oder das dunklere Zedernholz verwendet. Die Saiten werden nicht mit Bridgepins gehalten, sondern um den Steg geknüpft und brauchen deshalb auch kein Ballend. Gespielt wird auf der Klassik-Gitarre normalerweise mit einer Kombination aus Fingerkuppe und Nagel.

Abb. 64 Klassik-Gitarre

Abb. 65 Flamenco-Gitarre. Typisch ist der flache Korpus und die Holzwirbel (die weiße Folie ist ein Schlagschutz)

3.2 Die Saiten

Waren früher echte Darmsaiten und umsponnene Saiten mit Seidenkern üblich, so werden heute nur noch Nylonsaiten gespielt. Diese haben eine wesentlich längere Lebensdauer und sind zudem nicht feuchtigkeitsempfindlich. Außerdem sind sie gleichmäßiger und damit reiner in der Intonation. Trotzdem schwingen Nylonsaiten häufig, selbst wenn sie nagelneu sind, so unsauber, daß die Intonation in den oberen Lagen nicht stimmt und sie ausgetauscht werden müssen. Die g-, h- und e-Saite besteht aus blankem Nylondraht, manchmal auch eingefärbt. Inzwischen sind auch andere Kunststoffsorten auf dem Markt, die bei gleicher Spannung etwas dünner sind und damit besser schwingen können (z. B. „Carbon"). Dies ist v. a. bei der g-Saite von Vorteil, da sie normal in den oberen Lagen sehr steif ist. Die E-, A- und D-Saite hat einen Kern aus Nylonfasern, der mit versilbertem Kupferdraht umsponnen ist. Für Klassikgitarren gibt es auch noch geschliffene Bassaiten. Diese machen zwar beim Lagenwechsel keine Geräusche, haben aber weniger Obertöne und klingen dumpf.

Abb. 66

3.3 Die Saitenlage

Zunächst überprüfst Du die Sattelhöhe und die Halskrümmung (siehe S. 18 u. 20). Die Biegung des Halses nach vorne darf hier etwas stärker sein, 0,5 - 1 mm sind in Ordnung (vgl. S. 18, Abb. 22). Da der Hals nicht einstellbar ist, muß das Griffbrett bei falscher Krümmumg abgeschliffen werden. Dies ist eine aufwendige Sache, die nur vom Fachmann erledigt werden kann. Nur wenn Sattelhöhe und Hals in Ordnung sind, läßt sich die Saitenlage richtig einstellen. Wie bei der Western-Gitarre wird die Saitenlage am 12. Bund zwischen der Bundoberkante und der Saitenunterkante gemessen. Eine normale **Saitenlage** liegt bei **3 mm** auf der hohen e-Saite und steigt zur tiefen E-Saite auf **4 mm** an, da die Baß-Saiten weiter ausschwingen und dadurch mehr Platz benötigen. Die Einstellung erfolgt hier wie bei der Western-Gitarre durch Abfeilen der Stegeinlage von unten, oder mit Hilfe einer höheren Einlage. Die Stegeinlage der Klassik-Gitarre ist meist wie bei der Western-Gitarre schräg eingesetzt, also ebenfalls kompensiert.

Wie wechselst Du Deine Saiten?

- Die Saite wird von vorne durch das Loch im Steg geschoben (Abb. 67) und dann mit einer Schlinge befestigt (Abb. 68).

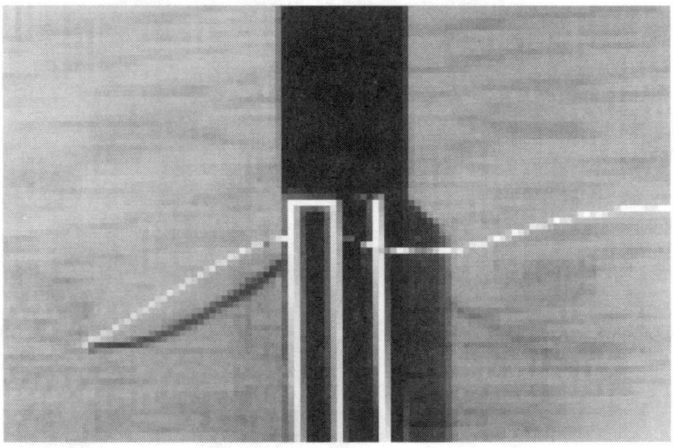

Abb. 67

Abb. 68

- Das locker gewickelte Ende der umsponnenen Saite darf nicht auf der Stegeinlage aufliegen.
- Anschließend fädelst Du die Saite durch das Loch der Mechanikachse und ziehst sie, bis sie leicht gespannt ist (vgl. Abb. 69, folgende Seite).

Abb. 69

- Dann wird das Saitenende dreimal um die Saite geschlungen und dann die Saite auf die Mechanik gewickelt (Abb. 70).

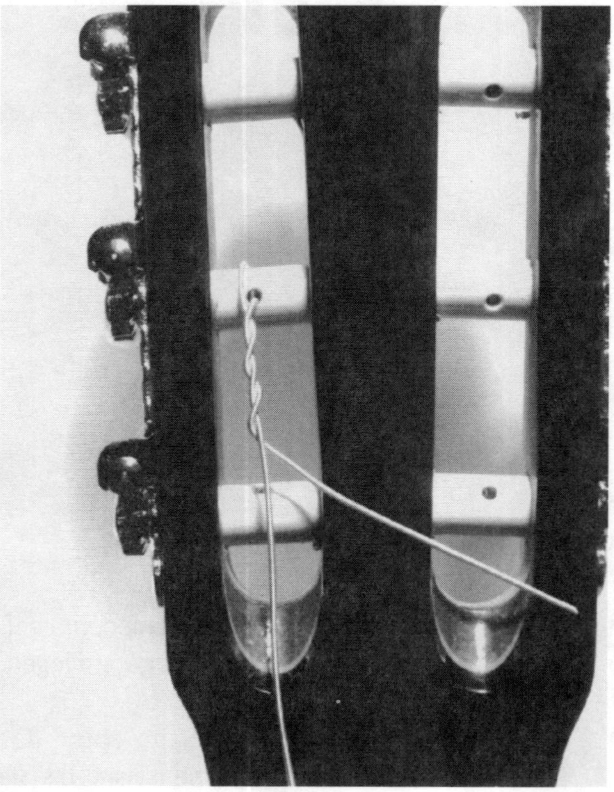

Abb. 70

- Die Saite wird nun gestimmt. Bei Nylonsaiten dauert es erheblich länger als bei Stahlsaiten, bis sie die Stimmung halten. Daher mußt Du eine Klassik-Gitarre mit neuen Saiten häufig nachstimmen. Es hilft, wenn Du die Saiten möglichst kurz aufziehst und sie vorsichtig dehnst, indem Du daran ziehst und sie dann wieder hochstimmst.

3.4 Tonabnehmer für klassische Gitarren

Für Klassikgitarren kommen bis auf den magnetischen Tonabnehmer, der nur mit Stahlsaiten funktioniert, alle anderen Abnahmemöglichkeiten (s. S. 36-39) in Frage. Da die Klassikgitarre sehr leicht gebaut ist, kommt es bei der Abnahme sehr schnell zu Rückkopplungen. Für den Band-Einsatz und für größere Lautstärken gibt es daher inzwischen spezielle elektroakustische Gitarren (Abb. 72), die etwas stabiler gebaut und dadurch weniger rückkopplungsempfindlich sind. Allerdings sind diese Gitarren akustisch nicht mehr so laut.

Abb. 72 Elektroakustische Gitarre

4.

Die E-Gitarre

DIE E-GITARRE

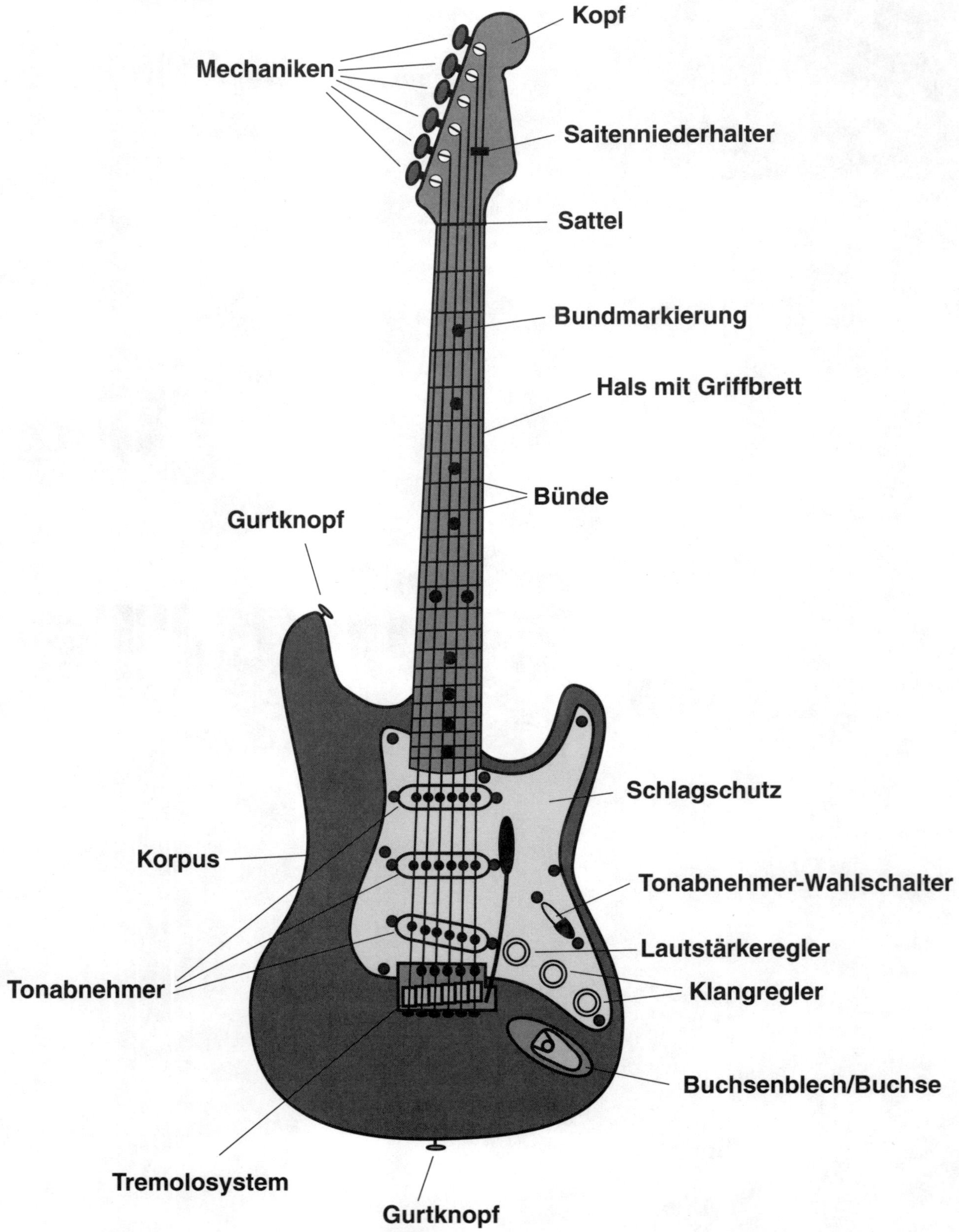

4. Die E-Gitarre (Elektro-Gitarre)

4.1 Die Geschichte der E-Gitarre

Geschichte und die Entwicklung der E-Gitarre begann in den USA. Wie wir auf S. 10 und S. 14 beschrieben haben, war das Problem der Gitarristen in Orchestern immer die geringe Lautstärke im Vergleich zu den Bläsern. Man behalf sich mit Banjos, in den 20er Jahren tauchten dann die Dobros auf. Auch die Firma Martin versuchte, mit seinen immer größer werdenden Stahlsaitengitarren größere Lautstärke und Durchsetzungsfähigkeit zu gewinnen.

1902 gründete Orville Gibson, Sohn eines Einwanderers aus England, die Gibson Mandolin-Guitar-Company in Kalamazoo/Michigan. Natürlich wollte auch er große Lautstärke erreichen, entschied sich aber, diesen Weg über eine Violin-Gitarren Form zu nehmen. Er übertrug das Konstruktionsprinzip der Geige auf die Gitarre, mit Saiten, die über eine Brücke liefen und F-Löchern auf der Decke. Der Hals war ebenfalls wie bei der Geige nach hintenabgewinkelt. Die Decke (arch-top) und der Boden waren stark gewölbt. Mit den Jahren wurden die Gitarren immer größer, die Mensuren länger und der Klang lauter, aber immer noch nicht genügend laut für die Orchester.

Ab dem Ende des 19. Jahrhunderts gab es immer wieder Versuche, Saiteninstrumente elektrisch zu verstärken, bzw. abzunehmen.

Ein texanischer Musiker, George Beauchamp, der Hawai-Gitarre spielte, experimentierte seit 1925 mit Tonabnehmern von Plattenspielern. Er montierte die Spule und einen Permanentmagneten auf ein gitarrenähnliches Brett und führte Saiten anstatt der Plattennadel durch das Magnetfeld. Es funktionierte: Er hatte damit nicht nur den magnetischen Tonabnehmer (Pick up = PU) erfunden, sondern auch die „Solid-body" Gitarre, (d. h. massiver Korpus), die allerdings erst 1950 von Leo Fender in einer brauchbaren Form herausgebracht wurde. Beauchamp tat sich mit Adolph Rickenbaker, einem Einwanderer aus der Schweiz zusammen und entwickelte mit ihm das erste elektrische Instrument, eine Hawai-Gitarre mit dem Namen „Frying Pan". Das Modell ging mit einem Aluminium-Korpus in Serie.

Andere Firmen, v. a. Gibson, entwickelten ebenfalls elektronische Tonabnehmer (PU). 1935 rüstete man dort erstmals eine Jazz-Gitarre mit Tonabnehmern aus: Die ES-150. „ES" hieß „electric-spanish" (wegen der spanischen Stimmung und der Spielhaltung).

Abb. 77 Gibson ES 150, eine Akustik-Jazz-Gitarre mit PU

Den Durchbruch für die E-Gitarre brachte erst der schwarze Jazz-Gitarrist Charlie Christian Anfang der 40er Jahre, indem er die E-Gitarre gleichberechtigt neben Trompete und Saxophon einsetzte.
Vor allem nach dem 2. Weltkrieg brachte Gibson eine große Anzahl von E-Gitarren auf den Markt, teils mit 2 - 3 PU ausgerüstet. Spitzenmodelle waren die Super 400 und die L5C. Alle Gitarrenmodelle waren aber im Prinzip Akustikgitarren mit eingebauten Tonabnehmern.
Die nächste Revolution im E-Gitarrenbereich brachte Leo Fender. Fender war eigentlich Radio-Techniker, machte sich aber immer Gedanken über eine leicht zu reparierende, einfach aufgebaute E-Gitarre. 1950 brachte er die Esquire auf den Markt, das Vorläufermodell der Telecaster (Abb. 74). Revolutionär war hier die Idee des massiven Korpus, der eingeschraubte Hals und Details wie die bis heute übliche Brückenkonstruktion. 1951 folgte die Telecaster in der Form wie sie heute noch fast unverändert gebaut wird. Fender führte damit auch die Serienfertigung im Instrumentenbau ein.

Abb. 74 Telecaster

1954 wurde dann die Stratocaster (Abb. 75), die meistverkaufte und -kopierte Gitarre der Welt, auf den Markt gebracht. Auch sie ist mit ihren 3 PU, der Brückenkonstruktion und anderen typischen Konstruktionsmerkmalen bis heute fast unverändert geblieben.

Abb. 75 Stratocaster

Parallel zu Leo Fender arbeitete Les Paul, einer der bekanntesten US-Gitarristen, Ende der 40er Jahre ebenfalls an einer Solid-body Gitarre. Er bot seine Idee Gibson an und stieß dabei auf wenig Interesse, da die Konstruktion nichts mit dem konventionellen Gitarrenbau zu tun hatte und dadurch dem Ansehen der Firma schaden konnte. Als allerdings die Telecaster innerhalb kürzester Zeit populär wurde, erkannte man auch bei Gibson die Notwendigkeit für den Bau einer eigenen Solid-body Gitarre.

Man griff die Idee von Les Paul auf und entwickelte eine hochwertige und aufwendig gebaute Gitarre, die „Les Paul" (Abb. 76). Die Gitarre sollte in der Qualität konkurrenzlos sein. Sie war damit aber teurer als die Fender Gitarren. Die „Les Paul" kam 1952 auf den Markt. Sie hatte im Gegensatz zu den Fender-Gitarren einen eingeleimten Hals. Damit war im wesentlichen die Entwicklung der E-Gitarre abgeschlossen.

Die Stratocaster und die Les Paul waren und sind die erfolgreichsten Gitarren der Welt.

Abb. 76 Gibson-Les Paul

1958 stellte Gibson die semi-acoustic Reihe vor. Diese Gitarren sind an den Jazz-Gitarren orientiert, haben aber einen flacheren Korpus und einen massiven, sogenannten Sustainblock, der Boden und Decke miteinander verbindet. Das Sustain (d. h. die Tonlänge) wurde größer und die Rückkopplungsempfindlichkeit kleiner. Die Modelle haben die Bezeichnung ES 335 (Abb. 77), ES 345 und ES 355.

Abb. 77 Gibson-ES 335

Danach gab es nur noch Detailänderungen, wie Verbesserungen bei den Brücken, Saitenaufhängungen, Mechaniken, der Elektrik und den PU.

4.2 Bestimmung des Baujahres

Inzwischen sind alte amerikanische Instrumente von Firmen wie Fender, Gibson, Gretsch, Epiphone, Dobro, Martin usw. zu begehrten und teuren Sammlerstücken geworden. Um nun das Baujahr und damit auch den ungefähren Wert eines Instruments zu bestimmen, bedarf es meistens der Einschätzung durch Fachleute. Es gibt inzwischen auch umfangreiche Literatur über Seriennummern und Merkmale alter Gitarren. Die meisten Musikläden oder Werkstätten können Euch hier sicher weiterhelfen.

Bei den Gitarren von Gibson kannst Du ab dem Baujahr 1977 anhand der 8-stelligen Nummer auf der Kopfrückseite das Herstellungsdatum und den Herstellungsort feststellen.

Der Code ist auf folgende Weise zu entziffern: Wenn die Zahlenfolge dieser Folge von Buchstaben entspricht: „YDDDYPPP“, dann zeigt

YY das Baujahr,

DDD den Bautag im Jahr,

PPP den Herstellungsort, von 001 - 499 in Kalamazoo und 500 - 999 in Nashville.

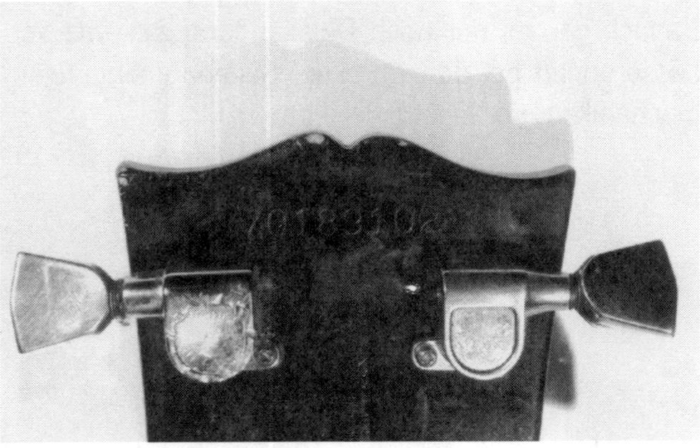

Abb. 78 Kopfrückseite einer Gibson Les Paul mit 8-stelliger Seriennummer.

Für die abgebildete Gibson Les Paul heißt das: Die Nummer ist 70189102, sie wurde also 1979 gebaut, am 018. Tag, d. h. am 18. Januar und zwar die 102. Gitarre an diesem Tag in Kalamazoo.

4.3 Hölzer für E-Gitarren

Das Holz, aus dem eine E-Gitarre besteht, hat nicht ganz so viel Einfluß auf den Klang wie bei einer akustischen Gitarre, da hier die Tonabnehmer und der Verstärker noch „mitmischen“.

Ein magnetischer Tonabnehmer kann nur die Saitenschwingungen abnehmen und diese werden durch das Holz beeinflußt. So hängen Sustain und Klangfarbe indirekt mit den verwendeten Hölzern zusammen.

Die Stabilität des Halses spielt dabei eine große Rolle. Diese wird durch das Holz, die Dicke des Halses und die Art des Halsstabes bestimmt. Grundsätzlich klingt ein stabiler Hals, der wenig mitschwingt, besser als ein „Gummi“- Hals, der die Saitenschwingung abdämpft und so den Ton verkürzt.

Hölzer für den Hals

Die meisten Hälse sind aus Ahorn oder Mahagoni gefertigt.

- **Ahorn**
  Ahorn ist ein hartes und doch elastisches Holz, wodurch die hohen Frequenzen betont werden und ein „glockiger“ Klang entsteht. Die meisten Gitarren mit Schraubhals haben Ahornhälse.
- **Mahagoni**
  Mahagoni hat durch seine kurzen Fasern eher die Tendenz, die hohen Frequenzen abzudämpfen und so den Klang weicher zu machen.
- **Ebenholz und Palisander**
  Beides sind harte und zähe Hölzer, die sehr widerstandsfähig gegen Abnutzung sind. Ein aufgeleimtes Griffbrett aus diesen Hölzern stabilisiert den Hals.

Manche Hersteller setzen die Hälse auch aus mehreren Streifen Holz zusammen (vgl. Abb. 79). Damit soll vor allem einem Verziehen oder Verdrehen des Halses vorgebeugt werden. Häufig sieht man solche mehrstreifigen Hälse, auch aus verschiedenen Hölzern, bei Gitarren und Bässen mit durchgehenden Hälsen.

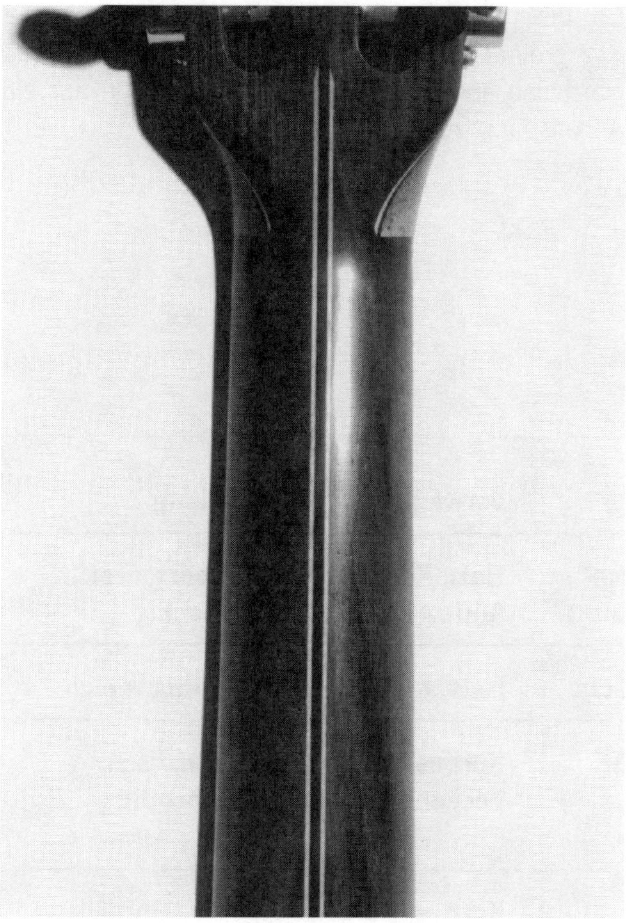

Abb. 79 Palisanderhals mit 3 Mittelstreifen

Hölzer für den Korpus

Die Stabilität spielt bei der Auswahl des Korpusholzes keine entscheidende Rolle, da eine Holzstärke von ca. 45 mm auch bei weichen Hölzern ausreicht, um die Saitenspannung gut aufzunehmen. So gibt es auch eine Vielzahl von verschiedenen Korpushölzern für Gitarren:

- **Esche**
  Esche ist ein relativ schweres, zähes Holz mit ausgeprägter Maserung. Es wird hauptsächlich für transparente Lackierungen verwendet, da es ein attraktives Aussehen besitzt. Durch sein Gewicht und die Stabilität sorgt das Holz für ein langes Sustain und einen druckvollen Sound.
- **Swamp-ash (Sumpf-Esche)**
  Neben der normalen Esche existiert noch die wesentlich leichtere swamp-ash, die sehr ähnlich aussieht. Das geringere Gewicht sorgt bei guter Stabilität für einen etwas transparenteren, akustischeren Klang.
- **Weichhölzer**
  Immer häufiger kommen aus Klang- und Gewichtsgründen leichtere Hölzer wie Erle, Linde oder Pappel zum Einsatz. Diese Hölzer werden meist für farbig lackierte Gitarren verwendet, da sie eine eher langweilige Optik besitzen. In Kombination mit einem harten, stabilen Hals ergibt sich ein sehr lebendiger Gitarrensound.
- **Mahagoni mit Ahorndecke**
  Gibson geht mit der Les Paul nach wie vor in eine andere Richtung. Der Korpus besteht aus einem Mahagonibrett und einer aufgeleimten, ca. 16 mm dicken Ahornschicht. Die Kombination dieser Hölzer erzeugt den typisch weichen und singenden Les Paul-Sound. Nachteil dieser Konstruktion ist das hohe Gewicht.
- **Ahorn**
  Ahorn gibt es in einer Vielzahl verschiedener, auffallend schöner Maserungen. Neben Vogelaugenahorn und geflammtem Riegelahorn sind auch unregelmäßig gemaserte Ahornarten im Einsatz. Leider ist Ahorn sehr schwer und deshalb für Gitarrenkorpi nur bedingt geeignet. Daher gibt es inzwischen viele Firmen, die ein dünnes, attraktives Furnier auf einen leichten Korpus aufleimen und somit die Optik mit Klang und Funktion verbinden.
- **Sperrholz**
  Sperrholz wird i. a. für billige Gitarren wegen des niedrigen Materialpreises verwendet (vgl. Abb. 80). Wegen der vielen Leimschichten hat der Korpus eine starke Dämpfung und ist deshalb im Sound ziemlich matt und ausdruckslos. Dies gilt für Solid-body Gitarren.

Abb. 80 Gitarrenkorpus aus Sperrholz

Bei Jazz-Gitarren und semi-acoustic-Gitarren, wie der ES-335 von Gibson wird gezielt dünnes Sperrholz für den Korpus eingesetzt. Dieses Sperrholz wird speziell dafür hergestellt und unter Hitze und Dampf geformt, so daß sein Sound-Verhalten mit normalem Sperrholz nicht zu vergleichen ist. Gibson erzielt auf diese Art den typischen, jazzigen Klang bei seinen Instrumenten.

Wir haben die Hölzer und ihre Eigenschaften zur besseren Übersicht noch einmal aufgelistet:

Da unser Klangempfinden sehr subjektiv ist und der Klang einer Gitarre außerdem nicht nur von ihren Holzteilen abhängt, sind die Klangangaben nur ein Anhaltspunkt zur Orientierung.

Holzart	**Eigenschaften**	**Aussehen**	**Verwendung**	**Klang**
Ahorn	**hart, schwer**	**hell, teilweise stark gemasert**	**Hals, Korpus, Aufleimer, Furnier**	**obertonreich glockig**
Mahagoni	**mittelhart**	**braun, schlicht**	**Hals, Korpus**	**mittig, weich**
Erle Linde Pappel	**weich, leicht**	**hell, schlicht**	**Korpus, meist deckend lackiert**	**akustisch, lebendig**
Esche	**hart, schwer**	**attraktiv**	**Korpus, transparent lackiert**	**sustainreich, druckvoll**
Sumpf-Esche	**mittelhart, leicht**	**attraktiv**	**Korpus, transparent lackiert**	**akustisch, lebendig**
Palisander	**hart, schwer**	**dunkelbraun bis violett**	**Griffbrett, Hals**	**mittig**
Ebenholz	**sehr hart, sehr schwer**	**schwarz**	**Griffbrett**	**------**

4.4 Risse und Brüche

Bei der Westerngitarre haben wir schon ausführlich über Risse und Brüche im Holz geschrieben (s. S. 33/34). Für Akustik-Jazz-Gitarren und Semi-Akustik Jazz- Gitarren gilt im Prinzip das Gleiche. Bei Solid-body-Gitarren treten Risse und Brüche durch niedrige Luftfeuchtigkeit äußerst selten auf. Wir hatten in 10 Jahren Werkstattpraxis nur einen Fall von Halsriß durch zu trockene Luft. Brüche durch Herunter- oder Umfallen der Gitarre sind die häufigsten Schäden. Durch die hohe Stabilität des Korpus ist es unwahrscheinlich, daß hier etwas bricht. Die häufigste Stelle für einen Bruch ist der Korpus-Hals Übergang.
Wesentlich gefährdeter sind die Hälse. Da E-Gitarrenhälse sehr dünn gearbeitet sind und die Maserungsrichtung oft ungünstig verläuft, genügt schon ein Herausfallen aus dem Gitarrenständer, um den Hals, meist am Kopfansatz, brechen zu lassen. Zum Beheben des Schadens gibt es zwei Möglichkeiten:

1. Reparieren des Halses
   Es kann nahezu jeder Halsbruch repariert, d. h. geleimt und evtl. verstärkt werden. Wenn der Bruch in der Werkstatt fachgerecht verleimt wurde, wird an dieser Stelle nichts mehr brechen. Wir haben erlebt, daß einem Kunden, der sehr viel auf Tournee ist, innerhalb von drei Jahren der Hals seiner E-Gitarre durch Umfallen sieben mal gebrochen ist. Jedesmal brach der Hals an einer anderen Stelle, was zeigt, daß die geleimte Stelle stabiler ist, als das umgebende Holz. Ein Bruch kann also fachgerecht verleimt und durch eine Neu- oder Teillackierung des Halses wieder perfekt repariert werden. Eine gute Werkstatt gibt auf solche Reparaturen auch Garantie!
   Bei transparent lackierten Ahornhälsen ist dagegen das Unsichtbarmachen der Reparaturstelle nahezu unmöglich, da man in hellem Holz die Leimfuge immer sieht. Auch bei schweren Brüchen, bei denen hinterher Holzteile fehlen, ist es möglich, sie perfekt zu reparieren. Also: Bei Brüchen gilt: Ab in die Werkstatt!

2. Bei Gitarren mit Schraubhälsen ist es möglich, den gebrochenen Hals gegen einen neuen zu tauschen. Fragt in Eurem Musikladen oder Werkstatt nach, ob es für Euer Modell einen Originalhals gibt. Einen anderen als den Originalhals auf den Korpus zu montieren ist problematisch, da die Halsfräsung und die Halsbreite perfekt zusammenpassen müssen. Auch die Mensur muß natürlich stimmen. Wie man einen neuen Hals montiert, kannst Du im Kapitel „Tuning bei der E-Gitarre" ab S. 78 nachlesen.

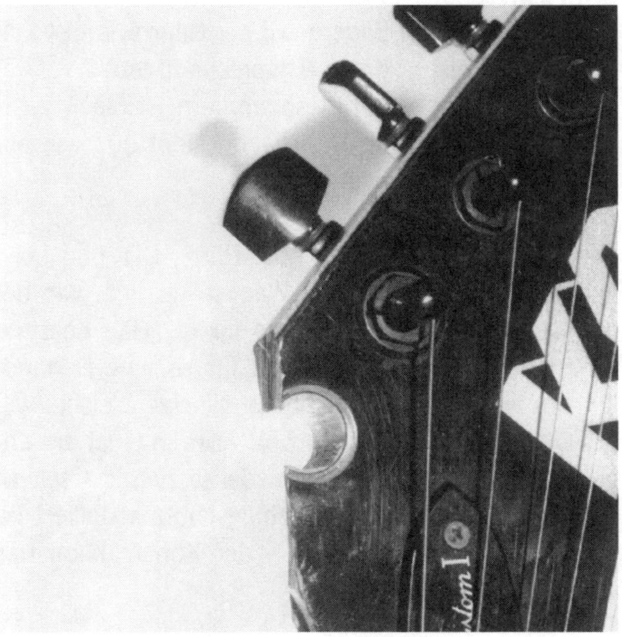

Abb. 81 Auch in diesem Fall kann geholfen werden.

4.5 Lacke für E-Gitarren

Lacke für E-Gitarren spielen bei weitem keine so wichtige Rolle für den Sound, wie bei Akustik-Gitarren. Der Lack soll hier natürlich vor mechanischer Beschädigung und Feuchtigkeit schützen, aber für den Sound ist es nicht so entscheidend, ob eine dicke oder dünne Lackschicht aufgetragen ist. Die hervorragende Rolle des Lackes bei der E-Gitarre ist damit die Optik. Transparente Lacke, meist leicht eingefärbt, lassen die Holzmaserung bei schönen Hölzern gut zum Vorschein kommen und machen das Holz „lebendig".
Häufiger ist die deckende Lackierung, d. h. eine Farbe wird so intensiv aufgetragen, daß man von der Holzstruktur nichts mehr sieht. Über den Farblack kommt meist ein transparenter Lack. Die deckende Lackierung hat den Vorteil, daß man schneller lackieren kann (die Holzoberfläche wird zuerst gespachtelt und dann glattgeschliffen) und daß unschöne, langweilige oder fehlerhafte (Astloch!) Hölzer als Korpi verwendet werden können. Gleichzeitig können die Hersteller mit den Farblackierungen den Kundenwünschen nach einer Farbvielfalt entgegenkommen. Es gibt auch eine ganze Reihe von Sonder-

sunburst: Meist dunkle bis schwarze Korpusränder, die dunkle Farbe geht zur Korpusmitte in eine helle Farbe über.

metallic: In den Farblack werden kleine Metallsplitter gemischt.

airbrush: Hier gibt es wahre Meisterwerke an grafischen Bildern auf der Gitarre, meist Einzelstücke und entsprechend teuer.

crackle: Hier wird mit sogenanntem Reißlack gearbeitet, die Oberfläche sieht aus wie ein vertrocknetes Flußbett.

An Lacken für die E-Gitarre ist Nitro-, DD- und Polyester-Lack üblich. Öle und Wachse werden, wie bei der Western-Gitarre, höchstens für die Halsrückseite verwendet. Das Korpusholz ist für so eine Behandlung zu weich. Bei Lackschäden gilt das Gleiche, wie bei Western-Gitarren (s. S. 35). Allerdings ist ein abgespielter Lack auf der Korpusdecke ziemlich selten, da werksseitig immer ein Schlagschutz installiert ist (Les Paul) oder sowieso von der Konstruktion her vorhanden ist (Stratocaster).

Abb. 82 E-Gitarre mit „Marmor-Effekt-Lackierung“

4.6 Die Hardware

Unter Hardware versteht man bei der Gitarre alle „harten Teile“, wie Mechaniken, Brücken, Tremolos, Klemmsättel, Saitenhalter, Halsplatten, aber auch Zubehör, wie Gurtknöpfe, Schrauben und Pickguards. In den folgenden Kapiteln geht es um die Beschreibung der Teile, evtl. Austauscharbeiten und kleine Modifikationen. Die größeren Modifikationen, wie z. B. Tremolo-Austausch kannst Du im Kapitel „Tuning bei E-Gitarren“ ab S. 75 nachlesen.

4.6.1 Die Mechaniken

Grundlegendes über Mechaniken kannst Du ab S. 30 nachlesen. Dort steht auch alles über Defekte, deren Behebung und es gibt Anleitungen zum Austausch von Mechaniken. Ein Hinweis beim Austausch: Vor dem Einbau einer neuen Mechanik (wenn es nicht die Originalmechanik ist) solltest Du beim Kauf überprüfen, ob sie die alten Befestigungslöcher auch überdeckt. Tut sie das nicht, sieht das ziemlich unschön aus. Die meisten E-Gitarrenhälse sind aus (hellem) Ahorn und ein mit einem Zahnstocher zugedübeltes Loch ist immer deutlich sichtbar. Der Wert Deines Instruments kann dadurch sinken.

Allgemein gilt: Bei alten Gitarren, die schon Sammlerwert haben, als erstes versuchen, die alten Original-Mechaniken zu reparieren, bevor Du sie austauscht. Ist es aber unumgänglich, versuche in jedem Fall eine sogenannte Replacement-Mechanik zu bekommen, die exakt die gleichen Maße, Aussehen und Bohrungen aufweist wie die Original-Mechanik. Solche Replacement-Teile gibt es vor allem für Fender- und Gibson-Gitarren. Hebe auf alle Fälle die alte Mechanik auf, falls Du eines Tages Dein wertvolles Stück doch noch verkaufen willst.

Hast Du keine alte Gitarre, möchtest aber Dein Instrument mit guten Mechaniken aufwerten, dann gibt es inzwischen ein großes Angebot an verschiedenen Mechaniken. Gute Mechaniken gibt es ab 60.– DM bis ca. 250.– DM für das 6-er Set und sie haben in der Regel ein Gußgehäuse (außer bei den Replacement-Teilen für alte Gitarren, die innen hochwertige Zahnräder und außen ein Blechgehäuse haben).

Beim Kauf müßt Ihr darauf achten, daß es verschiedene Mechaniken gibt. Zum einen die Ausführung „6 in line“. Diese sind für Gitarren wie Stratocaster und ähnliche Typen gedacht und haben die Flügel alle auf einer Seite (vgl. Abb. 83).

Abb. 83 Mechaniken „6 in line“

Außerdem gibt es Mechaniken in der Ausführung „3l + 3r (3 left = 3 links + 3 right = 3 rechts). Diese sind für Gitarren mit symetrischer Kopfform, wie der Gibson Les Paul geeignet.

Gute Mechaniken für E-Gitarren gibt es von den Firmen Gotoh, Schaller, Sperzel und Grover.

Eine Sonderform der Mechaniken für E-Gitarren sind die sogenannten Klemm- oder Lock-Mechaniken (Abb. 84).
Während bei den normalen Mechanikachsen die Saite dadurch hält, daß man sie durch die Achsbohrung steckt und ein paarmal um die Achse wickelt bis sie nicht mehr durchrutscht, wird bei den Klemmechaniken die Saite durch die Achsbohrung gesteckt und durch einen innenliegenden Stift und einer Schraube von außen sofort fixiert. Das hat den Vorteil, daß Du die Saite nicht mehr um die Achse wickeln mußt und die Stimmung sehr schnell stabil wird. Diese Mechaniken sind aber nur für Tremolosysteme ohne Klemmsattel gedacht. Beim Spielen mit dem Tremolo gibt es mit diesen Mechaniken weniger Verstimmungsprobleme. Eine Besonderheit haben noch die Mechaniken von Sperzel. Durch die unterschiedlich hohen Achsen ändert sich der Saitenwinkel der hohen Saiten im Kopfbereich, dadurch wird ein Saitenniederhalter überflüssig.

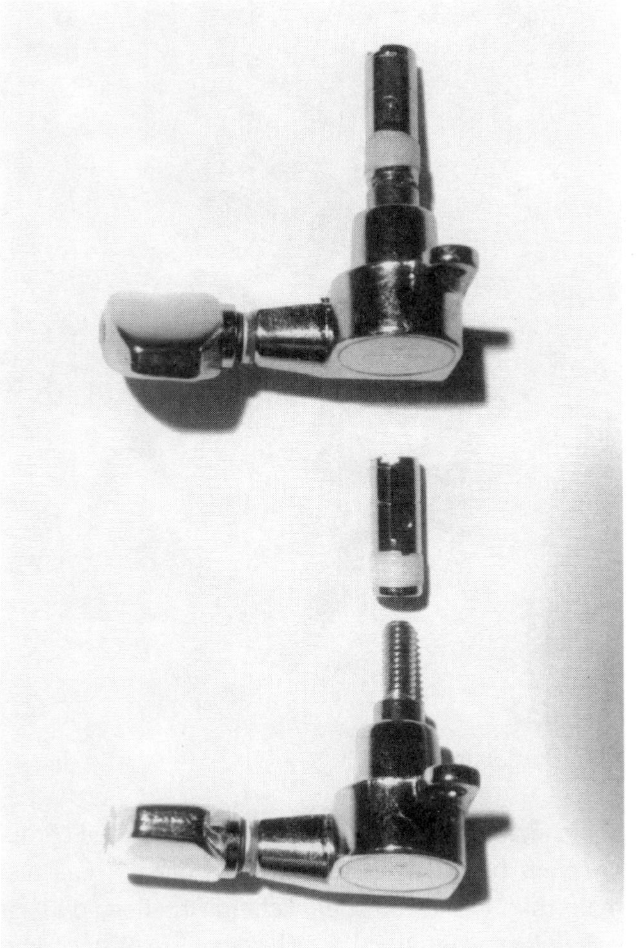

Abb. 84 Lock-Mechanik. Diese Mechaniken sind selbstklemmend

4.6.2 Die Gurtknöpfe

Sicher hat sich mancher von Euch schon geärgert, weil der Gurt vom Gurtknopf seiner Gitarre gerutscht ist. Das kann fatale Folgen für die Gitarre haben! Um den Gurt sicher mit der Gitarre zu verbinden und ihn dennoch leicht abnehmbar zu machen, gibt es sogenannte „security-locks“ (vgl. Abb. 85, folgende Seite) von den Firmen Schaller und Dunlop. An den Gurt wird ein Gegenstück zum Gurthalteknopf geschraubt. Der Gurt wird mit dem Gegenstück auf den Knopf gesteckt und hält dort so lange sicher, bis ein Stift gedrückt oder gezogen wird. Die Montage ist relativ einfach. Eine Anleitung findet sich auf der Verpackung.

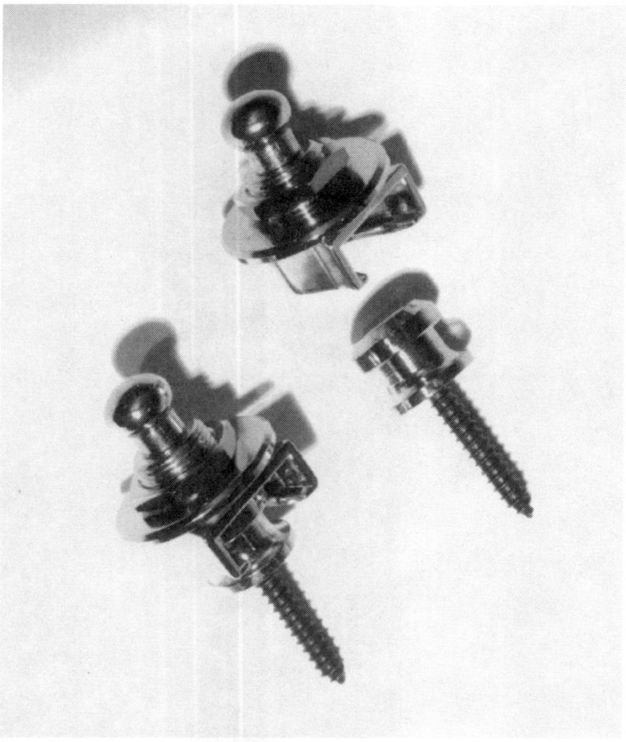

Abb. 85 Security-Locks

Manchmal sitzt der Gurtknopf lockerund die Schraube dreht beim Anziehen durch. In diesem Fall niemals mit Holzkitt oder ähnlichem arbeiten, dies ist völlig ungeeignet, denn der Gurtknopf reißt nach kürzester Zeit wieder aus der Bohrung. Die einzige Möglichkeit besteht darin, das alte Bohrloch zuzudübeln und ein neues Loch zu bohren.

- Dazu wird das alte Loch auf 4 mm aufgebohrt. Ein Tip: Um den Lack um das Bohrloch herum nicht zu sprengen, den Bohrer verkehrt herum laufen lassen!!

- Dann steckst Du einen 4mm-Dübel in das Bohrloch, markierst die Länge und sägst den Dübel etwas kürzer als die Markierung ab. Anschließend leimst Du den Dübel bündig in die Bohrung. Einen Tag trocknen lassen!

- Mit einem Nagel oder einem anderen spitzen Gegenstand markierst Du die Mitte des Dübels, damit der Bohrer nicht verläuft. Mit einem 2,8 - 3 mm Bohrer bohrst Du dann das Schraubenloch neu.

Das gleiche kannst Du natürlich auch machen, wenn Du einen neuen Gurtknopf montieren willst und die neue Schraube zu klein ist für die alte Bohrung. Dabei gilt: Schraubendurchmesser x 0,8 = Bohrerdurchmesser, mit dem neu gebohrt wird.

4.6.3 Das Pickguard (PG)

Manchmal ist es notwendig, das Pickguard (PG) bzw. den Schlagschutz zu wechseln, weil es zu spröde geworden ist und bricht, abgespielt ist oder Dir die Farbe nicht mehr gefällt. Inzwischen gibt es eine Vielzahl von verschiedenfarbigen PG's, v. a. für Fender-Gitarren und Nachbauten.
Wenn Du das PG wechseln willst, solltest Du folgende Dinge beachten: Beim Kauf die Gitarre mitnehmen und durch Auflegen des neuen PG's prüfen, ob die Umrisse und die Fräsungen für die PU und den Hals passen. Es hat schon böse Überraschungen bei der anschließenden Montage gegeben, wenn die PU nicht mehr an der gleichen Stelle saßen wie vorher und damit nicht mehr in den Korpus paßten. Die Bohrlöcher für die Befestigungsschrauben am Rand passen nur selten. Das ist aber weiter nicht schlimm.

Zum Wechseln brauchst Du folgende Werkzeuge und Materialien:

- Schraubenzieher
- Bohrer 1,5 mm + Handbohrer
- Schraubenschlüssel 10 - 13 mm
- evtl. selbstklebende Alu- oder Kupferfolie

1. Saiten abspannen

2. Alle PG-Befestigungschrauben herausdrehen. Bei manchen Gitarren mußt Du auch den Hals abschrauben, wenn er ein verlängertes Griffbrett hat und das PG daruntergeschoben ist.

3. Jetzt werden die Pick Up (PU) abgeschraubt. Merke Dir die Lage der PU und hefte die Schrauben und Federn auf die Magneten. Knöpfe von den Potentiometern ziehen (Achtung: Manche Knöpfe sind auch von außen geschraubt) und Potentiometer mit dem Schraubschlüssel abmontieren, ebenso die Buchse. Schalter abschrauben.

4. Nochmal prüfen, ob das neue PG auch wirklich paßt, ansonsten umtauschen oder nacharbeiten (wenn möglich). Wichtig ist noch: Wenn das alte PG an der Unterseite mit Alu- oder Metallfolie zur Abschirmumg beklebt war, dann solltest Du das neue PG ebenfalls mit Folie kaschieren, falls es nicht schon beklebt ist. Folien gibt es im Musikladen oder Elektronikhandel.

5. Alle Teile wieder an das neue PG montieren und auf den Korpus legen. Jetzt kannst Du prüfen, ob die Bohrlöcher übereinstimmen. Wenn nicht, müssen sie mit einem 1,5 mm Bohrer nach bzw. neugebohrt werden.

6. Bevor Du das PG nun festschraubst, mußt Du prüfen, ob der abgeschraubte Hals auch wieder in den Korpus paßt, ohne daß er vom PG behindert wird.

Tip

Wenn man bei alten Gitarren den PG abschraubt, kann es vorkommen, daß es sich sehr schnell zusammenzieht und anschließend nicht mehr exakt mit den Bohrlöchern im Korpus überein stimmt. Das kommt von der Versprödung des Kunststoffs. Dann hilft nur noch das Nachfeilen der Bohrlöcher im PG.

4.6.4 Stege und Saitenhalter

Heute ist eine Vielzahl verschiedener Saitenhalter, Stege und Tremolo-Systeme auf dem Markt, die auf den jeweiligen Gitarren-Typ und die Spieltechnik abgestimmt sind. Veränderte Spieltechniken, dünnere Saiten und extrem flache Saitenlagen haben die Entwicklung von in allen Richtungen justierbare Systemen erfordert. Wie die einzelnen Systeme aufgebaut sind, erfährst Du hier.

Feste Saitenhalter und Stegkombinationen

- **Trapezsaitenhalter und Holzsteg** (Abb. 86)
  Die meisten Jazzgitarren haben auch heute noch eine Kombination von Metallsaitenhalter und separatem Holz-Steg. Der Saitenhalter ist an der Zarge mit Schrauben befestigt. Die Saiten werden durch den Halter gefädelt oder von unten eingehängt. Der Holzsteg ist nicht mit der Decke verleimt, sondern steht, nur durch den Saitendruck gehalten auf der Decke. Dadurch kannst Du die Intonation durch Verschieben des Stegs einstellen. Eine Einstellung für jede Saite ist hier nicht möglich. Die Saitenlage verstellst Du über die zwei Rändelmuttern.

Abb. 86 Trapezhalter und verstellbarer Holzsteg

- **Tune-O-Matic Bridge** (Abb. 87, folgende Seite)
  Diese Metallkonstruktion ist eine Weiterentwicklung des gerade beschriebenen Holzstegs. Zusätzlich zur Höhenverstellung kannst Du hier noch die Intonation für jede Saite einstellen.
  Die 6 Einzelreiter lassen sich mit dem Schraubenzieher vor- und zurückdrehen. Bei Jazzgitarren sind die Gewindebolzen für die Höhenverstellung in einem Holzunterteil befestigt. Bei Solid-body Gitarren sind sie direkt in den Korpus gedreht oder sitzen in den Gewindehülsen. Die Tune-O-Matic Bridge ist entweder mit einem Trapezsaitenhalter (Jazz-Gitarren) oder einem Stop-Tailpiece (Les Paul) kombiniert.

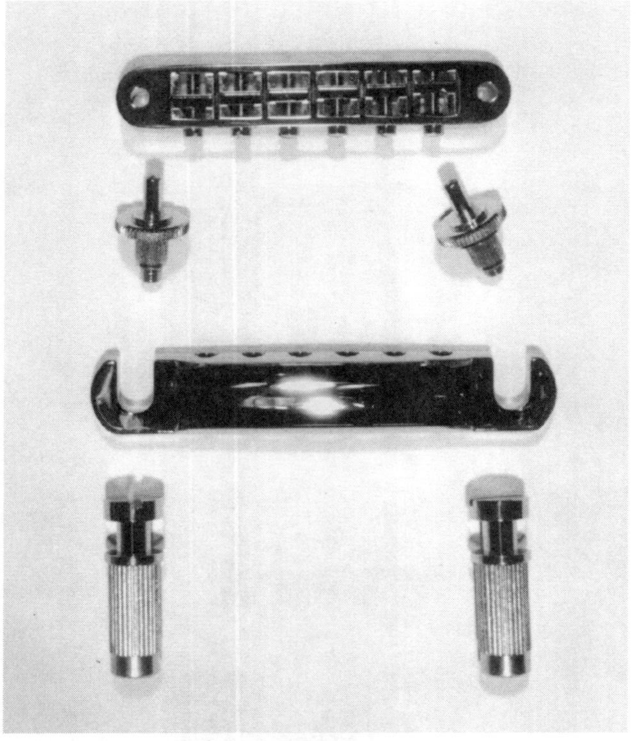

Abb. 87 Oben: Tune-O-Matic Bridge
Unten: Stop-Tailpiece.

- **Stop-Tailpiece** (Abb. 87)
  Das Stop-Tailpiece sitzt mit zwei massiven Bolzen und Gewindehülsen fest im Korpus. Die Saiten werden durch die Löcher gefädelt.

- **Non-Tremolo Bridge für Strat-Type**
  Bei dieser Konstruktion von Fender kannst Du jeden Saitenreiter individuell in der Höhe und in der Längsrichtung einstellen. Die Höhenverstellung erfolgt mit einem Inbusschlüssel über die zwei kleinen Madenschrauben (das sind Schrauben ohne Köpfe) im vorderen Teil des Reiters. Dadurch können die Saiten optimal an den Griffbrettradius angepasst werden. Die Längsverstellung wird mit dem Schraubenzieher vorgenommen.
  Die Saiten werden von hinten durch Löcher im Korpus gefädelt. Die Ballends sitzen in kleinen Metallbuchsen.

- **Telecaster-Bridge** (Abb. 88)
  Die Telecaster-Bridge ist ähnlich wie die Strat-Bridge aufgebaut. Früher waren für je zwei Saiten nur ein gemeinsamer Reiter vorhanden, moderne Ausführungen besitzen sechs Einzelreiter. Auch hier werden die Saiten durch den Korpus gefädelt. Die Grundplatte ist nach vorne verlängert und dient zusätzlich der Befestigung des Stegtonabnehmers.

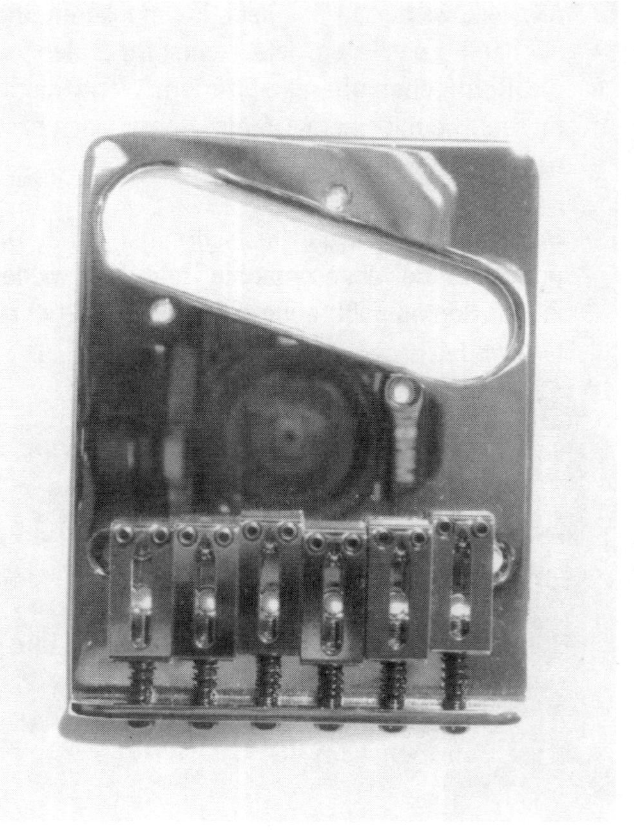

Abb. 88 Telecaster-Bridge

4.6.5 Tremolosysteme

Schon seit langem gibt es Systeme, die es dem Gitarristen erlauben, die Tonhöhe der Saiten mit einem Hebel zu verändern. Diese Systeme bezeichnet man als Tremolos.

- **Bigsby-Tremolo** (Abb. 89, folgende Seite)
  Eines der ältesten Tremolos ist das „Bigsby“, das auch heute noch unverändert gebaut wird. Die Saiten laufen hier um eine drehbar gelagerte Welle und können so mit einem Hebel entspannt oder gedehnt werden. Für den nötigen Gegendruck zur Saitenspannung sorgt eine starke Druckfeder. Leider kann man mit dem Bigsby die Töne nur leicht nach oben oder nach unten verstimmen. Es gibt verschiedene Ausführungen für flache und gewölbte Decken.

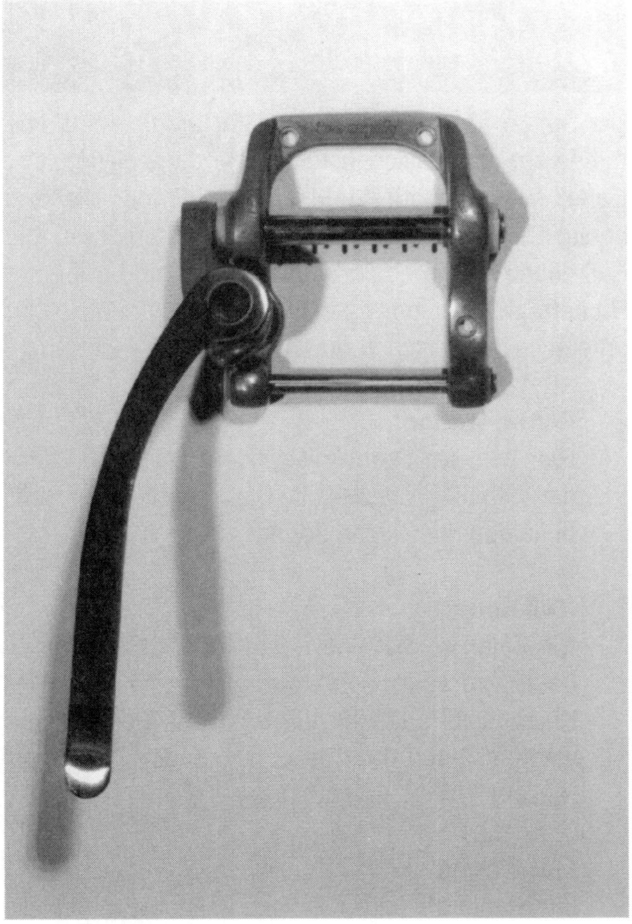

Abb. 89 Bigsby-Tremolo

Abb. 90 Strat-Tremolo

- **Fender Strat-Tremolo** (Abb. 91)
  Leo Fender hat sein System, das er für die Stratocaster in den 50er Jahren entwickelt hat, fälschlich als Tremolo bezeichnet. Als Tremolo bezeichnet man aber eigentlich eine Schwankung in der Lautstärke und nicht, wie beim Vibrato, in der Tonhöhe. Wir bleiben aber bei der Bezeichnung Tremolo, weil dies die üblichere ist.

  Dieses Tremolo ist mit sechs Schrauben im Korpus befestigt. Diese Schrauben bilden auch den Drehpunkt für das System. Der Block, der an die Grundplatte geschraubt ist, ragt durch eine Fräsung im Korpus. Durch den Block sind von hinten die Saiten gefädelt. In der Fräsung auf der Korpusrückseite befinden sich 3-5 Zugfedern, die mit einem Halteblech befestigt und im Block eingehängt sind. Durch Vor- und Zurückschrauben des Halteblechs und durch die Federanzahl kannst Du die Federspannung einstellen.

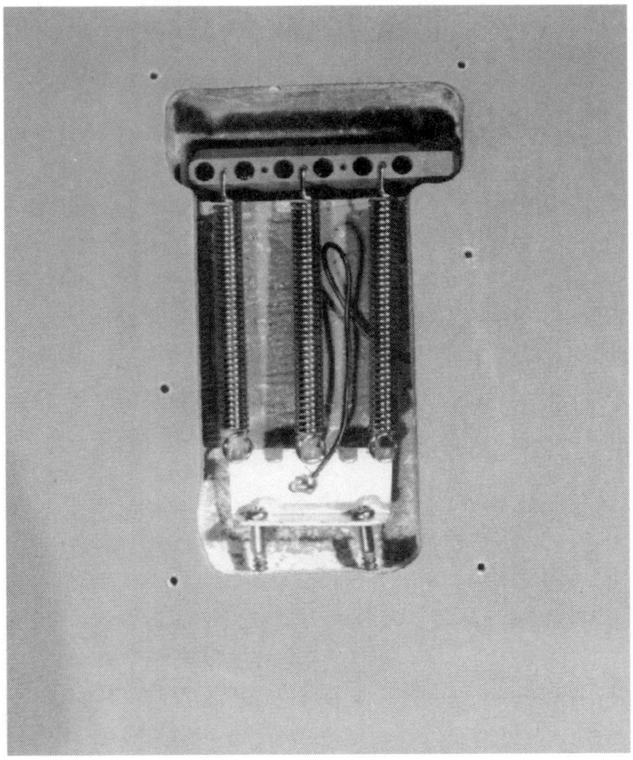

Abb. 91 Federkammer bei einer Strat.

- **Modifiziertes Strat-Tremolo**
  Da das Original nur sehr bedingt funktioniert, haben einige Firmen modifizierte Versionen entwickelt, um die Stimmstabilität zu erhöhen. Die Reibung ist hier wesentlich niedriger. Die sechs Befestigungsschrauben wurden durch zwei eingekerbte Lagerbolzen und zwei Messerkanten an der Tremolo-Grundplatte ersetzt.
  Häufig wird so ein Tremolo dann mit einem reibungsarmen Graphitsattel und Klemmechaniken kombiniert und funktioniert dann ohne Probleme.

- **Tremolos mit Feinstimmer und Klemmsattel** (Abb. 92)
  Für den extremen Einsatz des Tremolos wurde ein spezielles System entwickelt. Es besteht aus einem Klemmsattel, in dem die Saiten festgeklemmt werden und einem Tremolo-Steg, der mit Feinstimmern ausgerüstet ist, damit man nach dem Festklemmen die Saiten nachstimmen kann. Auf dieses System hat Floyd Rose ein Patent, so daß sein Name auf jedem dieser Tremolos, auch auf Lizenznachbauten, zu lesen ist. Beim Floyd-Rose werden die Saiten ohne Ballend im Steg festgeklemmt. Das Einstellen des Systems erfordert viel Zeit und Übung.

Abb. 92 Floyd-Rose-Tremolo

4.7 Die Saiten

Die Saiten für E-Gitarren müssen für die Abnahme mit einem magnetischen Tonabnehmer geeignet sein. Daher kommen nur Stahlsaiten in Frage. Die drei hohen Saiten bestehen aus blankem Stahldraht. Die Baß-Saiten haben einen Stahlkern und sind mit einer Nickellegierung oder Stahldraht umwickelt. Man unterscheidet zwischen drei Arten von Umwickelung:

1. **Round-Wound**
   Hier wird ein Draht mit rundem Querschnitt um den Stahlkern gewickelt. Dies ergibt einen sehr brillanten, knackigen Sound.

2. **Half-Round**
   Die Saite ist wie eine Round-Wound-Saite aufgebaut, wird aber noch etwas glatt geschliffen. Der Klang bleibt dadurch relativ brillant. Beim Lagenwechsel entstehen jedoch weniger Rutschgeräusche.

3. **Flat-Wound**
   Ein Stahldraht wird für diese Saitenart mit Flachdraht umwickelt. Dadurch entsteht eine absolut glatte, sehr weich klingende Saite. Diese Saiten werden hauptsächlich im Jazz-Bereich eingesetzt, da sie für andere Bereiche zu dumpf klingen.

Welche Saitenstärke ist die richtige?

Für die Saitenstärke gilt folgendes:

- Je dünner die Saite, desto leichter kannst Du sie ziehen, aber auch verziehen.

- Eine dünne Saite bringt weniger Lautstärke und Dynamik über den Verstärker.

- Je dicker die Saite, desto schwerer kannst Du sie ziehen. Sie bleibt aber besser in Stimmung und bringt auch einen fetten Sound.

Du siehst also, daß Du die Vor- und Nachteile abwägen mußt und am besten verschiedene Stärken ausprobierst.

Folgende Saiten führt fast jedes Musikgeschäft:

.008 - .038	xx light
.009 - .042	x light
.009 - .046	custom light
.010 - .046	light
.010 - .052	light top, heavy bottom
.011 - .054	jazz

Neben Standard-Saiten mit Ballend gibt es inzwischen auch spezielle Saiten für Floyd-Rose-Tremolos, die kein Ballend, dafür aber ein verstärktes Ende zum Festklemmen besitzen.
Willst Du von einer Saitenstärke auf eine andere wechseln, so muß Deine Gitarre neu eingestellt werden. Der Hals, die Saitenlage und die Intonation müssen an die neuen Saiten angepasst werden. Bei Gitarren mit freischwebendem Tremolo muß auch die Federspannung justiert werden. Wie Du das machst, kannst Du ab S. 64 nachlesen.

Wann wechselst Du Deine Saiten?

Auch die Saiten Deiner E-Gitarre nützen sich ab und altern. Du solltest neue Saiten aufziehen, wenn:

- Die blanken Saiten angerostet sind.
- Die Saiten dumpf und matt klingen.
- Die Saiten unsauber schwingen und die Intonation nicht mehr stimmt.
- Die Saiten Knicke haben oder von den Bünden eingekerbt sind.

Häufig kommt ein Scheppern oder unsaubere Intonation von defekten Saiten. Deshalb solltest Du, falls bei Deiner Gitarre solche Probleme auftauchen, immer erst die Saiten erneuern. Vielleicht kannst Du Dir dann den Weg in die Werkstatt sparen.

Wie wechselst Du Deine Saiten?

Dazu brauchst Du folgendes Werkzeug:

- Seitenschneider
- Saitenkurbel
- Stimmgerät
- Schlüssel für Tremolo und Klemmsattel

1. Du lockerst zunächst die Saiten und zwickst sie in Stegnähe ab. So kannst Du die Saiten leicht aus dem Saitenhalter oder den Stegbohrungen ziehen und sie von den Mechanikachsen wickeln. Bei Jazz-Gitarren mit aufgestelltem Holzsteg ist es besser, eine Saite nach der anderen zu wechseln. So bleibt der Steg an derselben Stelle und kann nicht aus Versehen verrutschen.

2. Nun werden die neuen Saiten durch ihre Befestigungslöcher im Steg oder Saitenhalter gefädelt und zur Mechanik geführt.

3. Das Aufwickeln auf die Mechanikachsen kannst Du im Kapitel „Die Western-Gitarre“ ab Seite 16 nachlesen. Bei Klemmechaniken wird die Saite durch die Achsbohrung der Mechanik gesteckt, gespannt und fixiert. Hier sollte möglichst wenig Saite auf die Achse gewickelt werden.

Tip

E- und A-Saite müssen bei den meisten Stratocastern mehr Saitenwicklungen als normal nötig auf der Achse haben, da sonst zuwenig Druck auf den Sattel ausgeübt wird. Die Saiten müssen von oben nach unten aufgewickelt werden (vgl. Abb. 93).

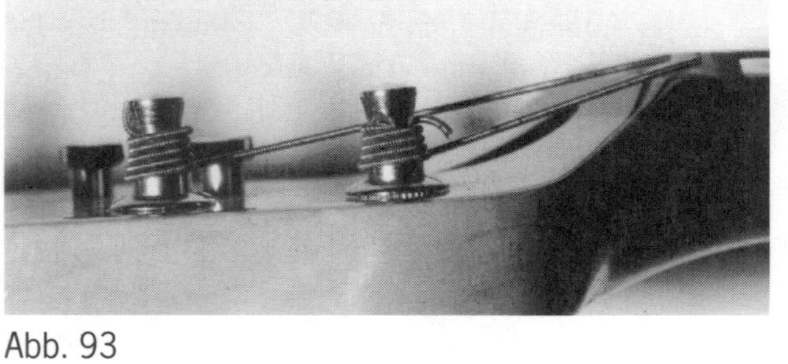

Abb. 93

4. Saiten hochstimmen, vorsichtig dehnen und nachstimmen.

Saitenwechsel bei Floyd-Rose-Systemen

1. Sattelklemmen öffnen.

2. Tremolo unterlegen (z. B. mit einer flachen Holzleiste), da sich sonst die Feinstimmer in den Korpus drücken.

3. Saiten mit den Mechaniken lockern.

4. Saitenklemmen am Steg lösen und Saiten entfernen.

5. Feinstimmer gleichmäßig herausdrehen, so daß man nachher in beiden Richtungen stimmen kann.

6. Ballends abzwicken oder spezielle Floyd-Rose-Saiten ohne Ballend verwenden.

7. Saitenenden in den Steg stecken und mit dem Schlüssel festziehen.

8. Saiten zur Mechanik führen und aufwickeln.

9. Stimmen, dann die Saiten vorsichtig dehnen und nachstimmen. Klemmsattel festziehen und die Tremolo-Unterlage entfernen.

4.8 Saitenlage und Intonation

Wie stellst Du Deine Saitenlage ein?

Die Saitenlage der E-Gitarre ist, wie bei der Westerngitarre von der Halskrümmung, der Sattelhöhe und Steghöhe abhängig. Auch hier ist die Reihenfolge der Einstellarbeiten wichtig. Dein Anschlag und Deine Soundvorstellungen bestimmen Deine, für Dich richtige Saitenlage.

- Eine flache Saitenlage ist einfach und schnell zu spielen. Du mußt allerdings mit etwas Scheppern und Dynamikverlust rechnen. Bei verzerrtem Sound spielt das kaum eine Rolle. Für Rock und Heavy-Metal bestens geeignet.
  Bei Gitarren mit stark gewölbtem Griffbrett sterben die Töne beim Saitenziehen in den oberen Lagen bei flacher Saitenlage ab (z. B. Fender). Hier kannst Du die Saitenlage also nicht so flach einstellen.
- Eine hohe Saitenlage bringt mehr Dynamik und scheppert weniger. Leider mußt Du dann mit etwas mehr Kraft spielen. Für unverzerrte Sounds auf jeden Fall besser.

Als Richtmaß für die Saitenlage bei E-Gitarren gilt ein Abstand von **1,5 mm** bei der hohen **e-Saite** und **2,0 mm** bei der tiefen **E-Saite** am 12. Bund.

Die Überprüfung der Halskrümmumg und der Sattelhöhe kannst Du bei der Westerngitarre auf S. 18 u. 20 nachlesen. Auch die Einstellung des Halses funktioniert wie bei der Westerngitarre. Bei manchen Gitarren mit angeschraubten Hälsen mußt Du, um den Halsstab verstellen zu können, den Hals abschrauben, da hier die Spannstabmutter durch den Korpus verdeckt wird. Du mußt also die Saiten abnehmen, den Hals herausschrauben und dann den Hals entsprechend einstellen. Ob Dir das gelungen ist, kannst nur dadurch überprüfen, indem Du den Hals wieder festschraubst und die Saiten stimmst. Stellst Du fest, daß der Hals nicht richtig eingestellt ist, fängt die Arbeit von vorne an.

Abb. 94 Halseinstellschraube bei einem alten Strat-Hals - hier ist auch das Herstellungsdatum erkennbar.

Die Sattelhöhe wird wie bei der Westerngitarre überprüft und justiert.

Was tust Du aber mit einem Klemmsattel von Floyd Rose?

So ein Sattel läßt sich nur durch Unterlegen oder durch das Abnehmen von Holz in der Höhe einstellen. Den Sattel selbst kannst Du nicht abflachen, da er aus gehärtetem Stahl ist. Den Sattel tiefer zu setzen ist eine schwierige Sache, die Du besser dem Fachmann überläßt, da bei unvorsichtiger Arbeit der Hals beschädigt werden kann. Den Sattel zu erhöhen ist eine Arbeit, die Du ohne Gefahr selbst vornehmen kannst. Du schraubst zunächst den Sattel ab. Je nach Modell ist der Sattel von oben oder von der Halsrückseite mit zwei Schrauben befestigt. Dann schneidest Du ein dünnes Plättchen aus Furnier oder Blech zu und legst es unter den Sattel.
Nun mußt Du die Befestigungslöcher auf der Unterlage anzeichnen und bohren. Anschließend setzt Du den Sattel mit den Plättchen wieder an seine Posi-

tion, schraubst ihn fest und überprüfst das Ergebnis. Eventuell mußt Du das Ganze mit einer dickeren oder dünneren Unterlage wiederholen. Bei manchen Firmen sind solche Unterlagen im Lieferumfang mit enthalten (vgl. Abb. 95). Hast Du den Sattel und den Hals überprüft und gegebenenfalls nachjustiert, so kannst du nun die Saitenlage mit dem Steg einstellen.

Abb. 95 Klemmsattel mit Unterleg-Blech.

4.8.1 Einstellen der Steghöhe

Bei Jazz-Gitarrenstegen und Tune-O-Matic-Stegen läßt sich die Höhe nur insgesamt mit den beiden Rändelmuttern einstellen. Die Stegwölbung sollte hier der Griffbrettwölbung entsprechen. Manche Rändelmuttern sind so schwergängig, daß Du die Saiten zum Verstellen lockern mußt. Mit der Zange solltest Du hier nicht nachhelfen, da Du die Muttern verdrükken oder abrutschen und den Lack beschädigen könntest.

Bei Fender-Stegen und deren Nachbauten kann die Saitenlage für jede Saite einzeln eingestellt werden. Die zwei kleinen Madenschrauben in den Reitern können hoch- und niedergestellt werden. Der Einstellbereich ist hier nicht besonders groß, da die Schrauben kurz sind und nicht zu weit nach oben oder unten aus den Reitern schauen dürfen. Reicht der Einstellbereich nicht aus, die Saitenlage flach genug einzustellen, so muß der Halswinkel geändert werden. Bei einem Schraubhals ist das kein Problem.
Bei vielen Gitarren kann der Halswinkel an der Halsplatte durch eine Einstellschraube verändert werden (vgl. Abb. 96). Das Einstellen ist ganz einfach: Du lockerst die beiden hinteren Halsschrauben ein wenig und veränderst den Halswinkel durch Hinein- oder Herausdrehen der Madenschraube. Wenn die Saitenlage richtig eingestellt ist, ziehst Du die Halsschrauben wieder an.

Abb. 96 Halsplatten mit Verstellmöglichkeit des Halswinkels.

Besitzt Deine Gitarre keine Verstellmöglichkeit, so kannst Du den Halswinkel durch Unterlegen mit einem Furnier verändern. Diese Unterlage wird als „Shim“ bezeichnet (vgl. Abb. 97).
Dazu mußt Du den Hals abschrauben, den Shim am Ende des Halses in die Korpusfräsung legen und den Hals wieder festschrauben.

Tip

Den Hals immer senkrecht nach oben aus dem Korpus ziehen. Anderfalls kannst Du den Korpus beschädigen, da der Hals konisch ist.

Die richtige Dicke des Shims zu ermitteln, erfordert manchmal einige Versuche. Beim häufigen Festschrauben des Halses sitzen mit der Zeit die Schrauben zu locker oder drehen sogar durch. Hier hilft dann nur Ausdübeln und Neubohren der Befestigungslöcher (s. S. 55, „Gurtknöpfe“, aber Vorsicht, nicht durch das Griffbrett bohren!).

Abb. 97 Halsfräsung mit Shim.

Bei Floyd-Rose-Tremolos kannst Du die Höhenverstellung über die zwei Befestigungsbolzen vornehmen. Einzeln lassen sich die Saitenhöhen auch hier nicht justieren.

4.8.2 Einstellen der Tremolo-Spannung

Wie bei den Tremolo-Systemen beschrieben, bilden die Zugfedern auf der Korpusrückseite bei Stratocaster- und Floyd-Rose-Tremolos den Gegenzug zu den Saiten. Folglich ist die Einstellung der Federn von der Saitenstärke abhängig. Das Floyd-Rose-Tremolo wird so eingestellt, daß seine Grundplatte parallel zum Korpus schwebt. Das Strat-Tremolo kann auf zwei verschiedene Arten eingestellt werden:

1. Die Grundplatte liegt im Ruhezustand auf dem Korpus auf. Bei dieser Einstellung arbeitet das Tremolo bei leichter Betätigung relativ verstimmungsfrei. Du kannst die Töne nur nach unten bewegen.

2. Die Grundplatte schwebt ein paar Millimeter über dem Korpus. Das Tremolo ist im Ruhezustand gekippt (vgl. Abb. 98). Nun kannst du die Töne nach oben und nach unten ziehen. Leider verstimmt sich die Gitarre dabei sehr leicht.

Abb. 98 Gekipptes Strat-Tremolo.

Wie stellst Du Die Federspannung ein?

Einstellen kannst Du die Federspannung durch Voroder Zurückschrauben des Federblechs oder durch Einsetzen oder Herausnehmen von Federn. Durch schräges Einhängen der Federn läßt sich die Spannung der Federn ebenfalls erhöhen.

Abb. 99 Schräg eingehängte Tremolo-Federn

4.8.3 Einstellen der Intonation

Bei E-Gitarren läßt sich durch Vor- und Zurücksetzen der Stegreiter die Intonation für jede Saite separat einstellen. Eine Einstellung wird immer dann notwendig, wenn Du die Saitenstärke oder die Saitenlage änderst. Häufig sind auch neue Instrumente nicht richtig eingestellt. Die Einstellung solltest Du immer mit neuen Saiten der richtigen Stärke vornehmen. Bevor Du die Intonation einstellst, mußt Du den Hals, den Sattel und die Saitenlage überprüfen und gegebenenfalls einstellen. Bei Tremolo-Gitarren muß auch die Federspannung stimmen.

Du überprüfst zunächst bei gestimmter Gitarre, ob die Leersaite mit dem Oktavton übereinstimmt. Ist der gegriffene Ton zu hoch, mußt Du den Stegreiter nach hinten versetzen. Ist der gegriffene Ton zu tief, so mußt Du den Reiter nach vorne versetzen. Stimmen beide Töne überein, dann ist die Intonation in Ordnung. Natürlich darfst Du beim Greifen nicht zu fest drücken, da Du sonst den Ton zusätzlich erhöhst.

- Bei Tune-o-Matic-Brücken und Fender-Brücken ist die Einstellung sehr einfach. Ein passender Schraubenzieher ist allerdings Voraussetzung dafür, daß die Schraubenköpfe nicht beschädigt werden.

- Bei Jazz-Gitarren kann nur die gesamte Brücke vor- und zurückgesetzt werden. Viele Holzbrükken haben deshalb kompensierte Auflagen.

- Bei Floyd-Rose-Tremolos ist die Intonationsverstellung sehr kompliziert. Zur Einstellung ist es notwendig, den Klemmsattel zu lösen. Bei gestimmter Gitarre überprüfst Du die Intonation, wie bereits beschrieben. Zum Versetzen des Reiters mußt Du dann die Saite entspannen und die Inbusschraube im vorderen Teil des Reiters lösen. Nun kannst Du den Reiter verschieben. Ob Du den Reiter richtig plaziert hast kannst Du nur überprüfen, wenn Du ihn wieder festgeschraubt und hochgestimmt hast. Ein paar Versuche können hier schon nötig sein.

4.9 Die Bünde

Für E-Gitarren gibt es unterschiedlich hohe und breite Bünde. Wir wollen Dir hier die Unterschiede verdeutlichen.

1. **Schmal und flach (vintage)**
   Ca. 2 mm breit und 1 mm hoch. Ein problemloser Bund, der auch bei starkem Druck der Finger keine Verstimmungsprobleme ergibt.

2. **Schmal und hoch**
   Ca. 2 mm breit und 1,5 mm hoch. Bei unvorsichtigem Greifen kannst Du hier die Töne leicht verziehen. Dies gilt vor allem für dünne Saiten. Beim Saitenziehen berühren die Finger kaum das Griffbrett, Du kannst also ungehemmt ziehen.

3. **Breit und flach**
   Ca. 3 mm breit und 1 mm hoch. Hier liegt die Saite nicht ganz präzise auf, so daß die Intonation etwas ungenauer wird. Das Ziehen geht jedoch auf breiten Bünden leichter. Durch die größere Auflagefläche nützen sich breitere Bünde nicht so schnell ab.

4. **Breit und hoch (Jumbo)**
   Ca. 3 mm breit und 1,5 mm hoch. Die Saiten sind leicht zu ziehen und die Finger haben kaum Kontakt zum Griffbrett. Beim schnellen Lagenwechsel stören die Bünde. Viel Gitarristen kommen hier „ins Eiern".

Welche Probleme es mit den Bünden geben kann, wann man sie wechseln oder abrichten muß, kannst Du im Kapitel „Die Western-Gitarre" ab S. 31. nachlesen. Eine Besonderheit gibt es noch bei den hellen Ahorngriffbrettern. Beim Wechseln der Bünde und dem Abrichten des Griffbretts muß die Oberfläche meist neu lackiert werden, was nicht ganz billig ist.

4.10 Die Elektronik

Der Sound einer E-Gitarre wird von vielen Faktoren beeinflußt:

- von Saiten, Saitenstärke und vom Alter der Saiten.

- von der Konstruktion des Korpus, dem Hals, dem Stegsystem und vom Holz.

- von den PU und der Elektrik, sogar vom verwendeten Gitarrenkabel.

- Vom Verstärker, den Lautsprechern und der Raumakustik.

- von Deiner Spieltechnik.

Im den nächsten Kapiteln geht es um die Pick-Up (PU), elektrische Bauteile, das Zusammenschalten der Bauteile und das Beheben von Störungen.

4.10.1 Die Pick-Up (PU)

Inzwischen gibt es eine Reihe Bücher, auch in deutscher Sprache, die sich ausführlich mit PU beschäftigen.

Wir wollen uns deshalb hier auf das für die Spielpraxis Wesentliche konzentrieren. Ein paar Grundlagen sind aber für das Verständnis von PU und dem Beheben von Störungen unumgänglich. Beim Kapitel „Geschichte der E-Gitarre" schrieben wir über die ersten brauchbaren PU von George Beauchamp. Die Tonabnehmer von heute arbeiten immer noch nach dem gleichen Prinzip. Durch die Spulen-Magnetanordnung ergibt sich ein Magnetfeld.

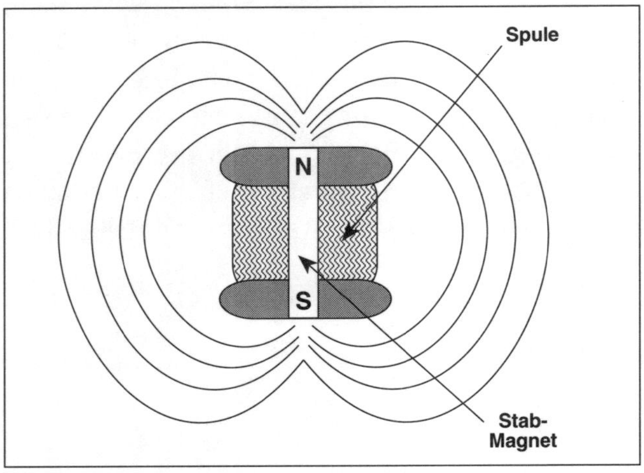

Abb. 100 Magnetfeld eines PU

Bringt man eine schwingende Saite in dieses Magnetfeld, dann wird es entsprechend der Schwingfrequenz der Saite verformt und gestört. Durch diese Verformung und die dadurch bedingte Änderung des Magnetfeldes wird eine Wechselspannung in der Spule induziert. Das heißt mit anderen Worten: Die mechanische Schwingung der Saite wird durch den PU in eine elektrische Wechselspannung umgewandelt.

Warum klingen PU unterschiedlich?

Wenn die offene A-Saite angeschlagen wird, schwingt sie 110 mal pro Sekunde (= 110 Hz). Gleichzeitig schwingt die Saite aber nicht nur in ihrem Grundton sondern auch dem Vielfachen davon, z. B. 220 Hz, 440 Hz usw. Das heißt, Du hörst außer dem Grundton (110 Hz) auch die sogenannten Obertöne. Die Zusammensetzung dieser Töne ergibt den Sound und damit die Klangfarbe eines Tons. Ist eine Saite alt und verschmutzt, so werden die Obertöne stärker abgedämpft und der Grundton erscheint lauter, der Klang ist damit dumpf. PU erfassen mit ihren Spulen und Magneten nicht alle Frequenzen gleichmäßig, sondern heben bestimmte Frequenzen stärker hervor. Diese hervorgehobenen Frequenzen nennt man Resonanzfrequenzen. Dies bedeutet, ein PU der eine hohe Resonanzfrequenz hat, hat einen hellen, spitzen Klang, da er die hohen Obertöne bevorzugt. Je tiefer die Resonanzfrequenz eines PU liegt, umso dumpfer klingt er. Liegt die Resonanzfrequenz bei 1 kHz (=1000 Hz) ist der Ton dumpf, bei ca. 3 kHz brillant und über 10 kHz neutral und leblos.

Im allgemeinen gilt: PU mit einer hohen Ausgangsspannung haben viele Windungen und einen lauten, fetten Sound, während die Höhen fehlen. Ein PU mit weniger Windungen ist zwar leiser, aber die Höhen kommen besser durch.

Als nächstes gibt es Informationen über die verschiedenen PU-Typen: Im wesentlichen gibt es zwei verschiedene, den „Single-Coil" und den „Humbucker". Der Single-Coil wird v. a. von Fender eingesetzt, der Humbucker von Gibson.

1. **Der Single-Coil**

   Der Single-Coil ist denkbar einfach aufgebaut. Zwischen 2 Trägerplatten aus vulkanisierter Pappe sind 6 Stabmagneten eingeleimt. Um diesen Spulenkörper werden dann die mit Lack isolierten Kupferdrähte gewickelt. Über zwei Lötösen in der unteren Trägerplatte wird die Spannung mit dickeren Kabeln abgenommen.

   Der Single-Coil hat 7600 Wicklungen, ca. 5,7 kOhm Gleichstromwiderstand und die Drahtstärke liegt bei 0.063 mm. Die Resonanzfrequenz liegt normalerweise bei ca. 10 kHz. Damit wäre der Sound absolut grell und metallisch, doch durch die Elektrik und das Gitarrenkabel wird die Frequenz auf ca. 4 kHz abgesenkt und der Sound wird dadurch „Fender-typisch".

   Die Stabmagneten schauen unterschiedlich weit aus dem Spulenkörper heraus, um die Lautstärkeunterschiede der verschieden dicken Saiten auszugleichen.

   Die Single-Coils hatten, bedingt durch ihre Konstruktion immer Schwierigkeiten mit sogenannten „Nebengeräuschen". Dies sind Geräusche, die nicht von der Saite kommen, sondern von Netztrafos, Spulen in Leichtstofflampen oder Elektromotoren eingestreut werden. Dieses sind

Störungen durch elektromagnetische Felder. Sie sind als Brummen hörbar. Andere Geräusche kommen durch elektrostatische Aufladung. Wenn Du z. B. mit Deinem Wollpullover über den Lack Deiner Gitarre streifst, dann gibt es eine Aufladung, die als „Prizzeln“ über die PU und den Verstärker zu hören ist. Bei der Telecaster ist der Hals-PU mit einer Metallkappe versehen, um diese Störungen abzuschwächen. Um wirklich Abhilfe zu schaffen, wurde Mitte der 50er Jahre der Humbucker entwickelt.

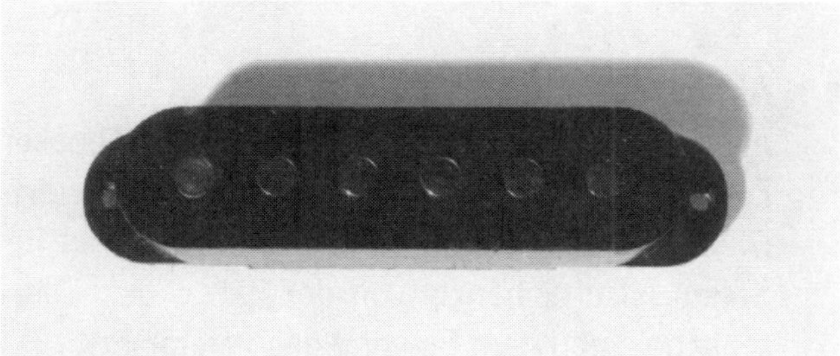

Abb. 101 Der Single-Coil

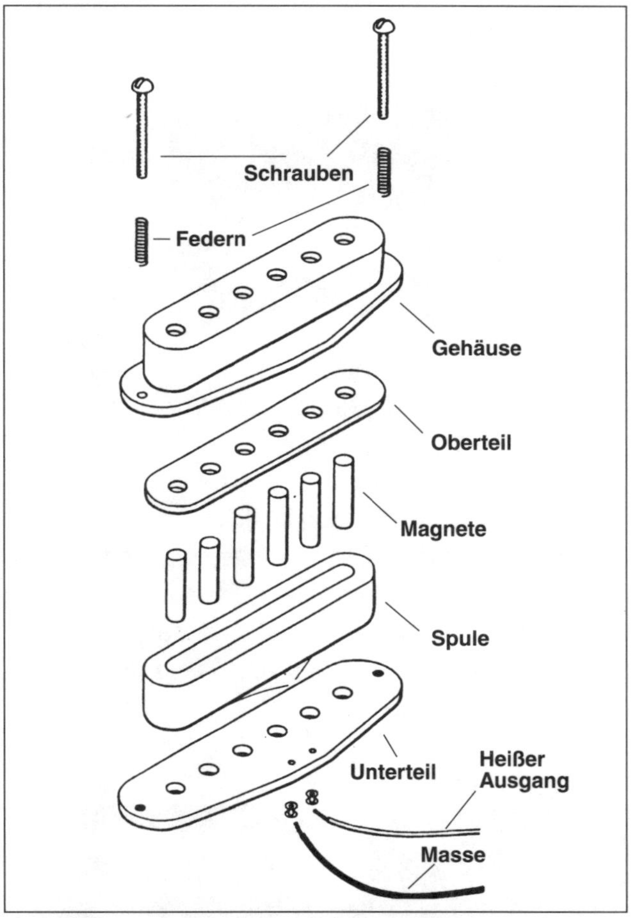

Abb. 102 Das Innenleben des Single-Coils

2. **Der Humbucker**

Die Les Paul kam 1952 mit 2 Single-Coil PU (den „soap bars“) auf den Markt. 5 Jahre später wurden die Single-Coils von 2 Humbuckern (den „PAF“) ersetzt.

Was ist nun der Unterschied zu den Single-Coils und warum haben Humbucker 2 Spulen?

Ziel der Entwicklung war das Vermeiden von Brummstörungen. Dazu setzte ihr Erfinder, Seth Lover, 2 Spulen nebeneinander. Treten von außen magnetische Störfelder auf, dann wird in beiden Spulen eine gleichphasige Spannung erzeugt. Durch das gegensinnige Zusammenschalten der Spulen löschen sich die Spannungen aus den beiden Spulen gegenseitig aus.

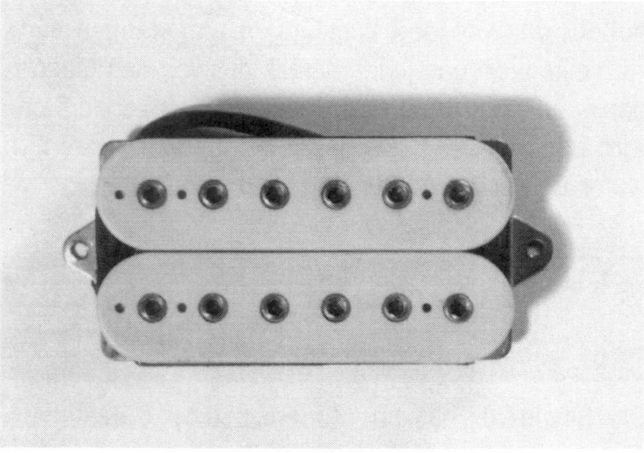

Abb. 103 Humbucker ohne Metall-Gehäuse.

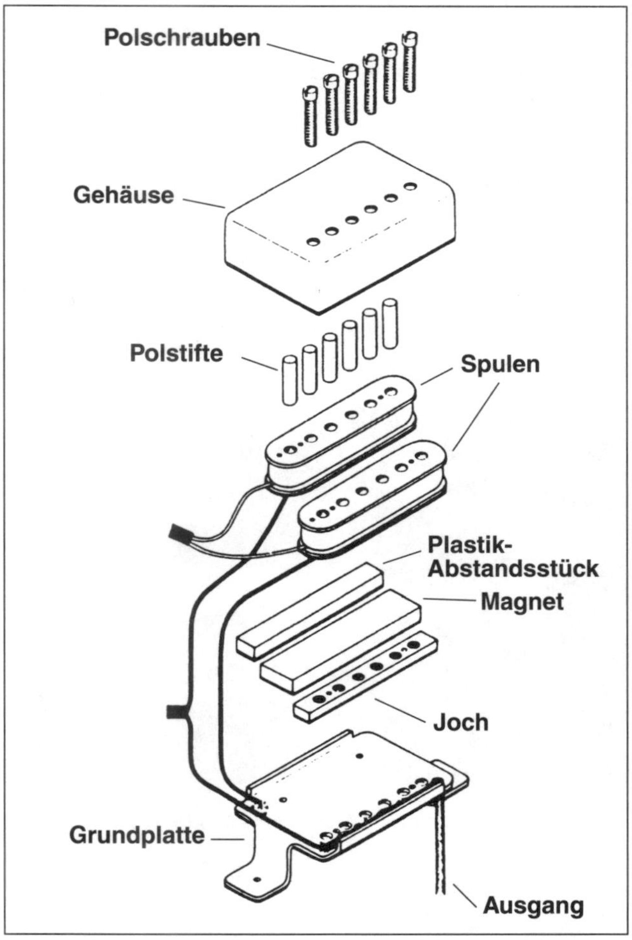

Abb. 104 Das Innenleben des Humbuckers.

Warum löscht sich aber das Signal, das von den Saiten kommt nicht aus? Seth Lover legte in der einen Spule die Südpole, in der anderen Spule die Nordpole der Polstifte nach oben. In jeder Spule wird also eine Spannung durch die Saiten erzeugt. Da die Spulen verschiedene Polarität haben, würden sich die Signale auslöschen (weil sie gegenphasig) sind. Schaltet man nun die Spulen gegensinnig (was ja eh schon der Fall ist), dann heben sich die Spannungen nicht auf, sondern addieren sich.

Kurz zusammengefaßt: Jedes magnetische Feld von außen, das von den Wicklungen aufgefangen wird, wird eliminiert und jedes Signal, das von den Magnetpolen aufgenommen wird, wie die schwingende Saite, wird addiert. Der Humbucker ist dadurch wesentlich lauter als der Single-Coil und brummfrei.

Warum benutzt man immer noch die störanfälligen Single-Coils?

Der Single-Coil hat eine andere Sound-Charakteristik als der Humbucker. Er klingt hell und brillant im Vergleich zum Humbucker.

Beide Typen von PU gibt es heute noch in nahezu unveränderter Form. An der Lösung eines Problems wurde aber immer gearbeitet: Einen Single-Coil zu bauen, der brummfrei ist und trotzdem den typischen Sound behält. Dazu gab es verschiedene Lösungen.

- **Humbucker in Singel-Coil Format**
  Hier werden, wie beim Humbucker zwei Spulen nebeneinander gesetzt. Der PU hat die gleichen Abmessungen, wie ein Single-Coil.

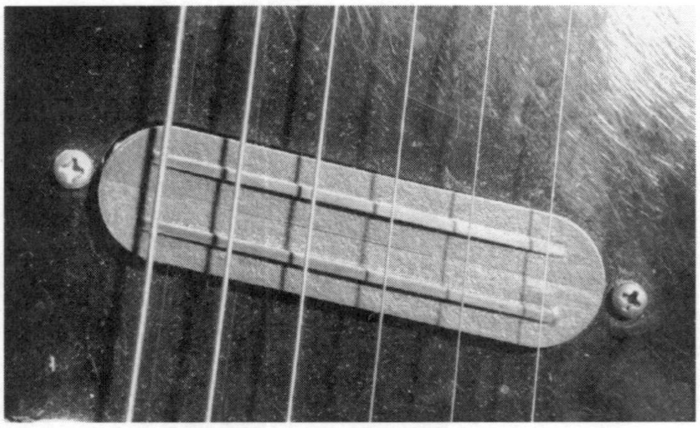

Abb. 105 Humbucker in Single-Coil Format

- **Stacked Single Coil**
  Zwei Spulen sitzen übereinander. Der PU hat Single-Coil Format und ist brummfrei.

Abb. 106 Stacked Single-Coil

- **Aktive PU**
  Aktive PU gibt es im Single-Coil- und Humbucker Format. Ein Vorverstärker ist im PU integriert. Diese PU sind weitgehend brummfrei und ihr Sound ist unabhängig von der Länge des Gitarrenkabels und dem Eingang des Verstärkers.

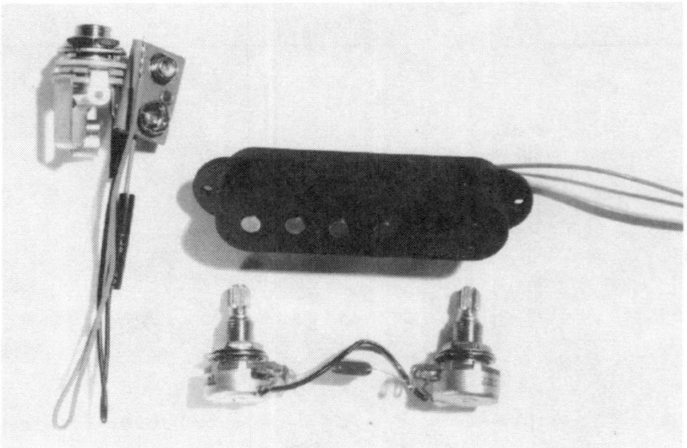

Abb. 107 Aktiver Single-Coil (Der Vorverstärker ist im PU integriert.)

Es gibt auch noch PU (Single Coil und Humbucker) mit durchgehender Magnetklinge, statt der 6 Polmagnete. Dadurch können diese PU auf jeder Gitarre und in jeder Position eingebaut werden, ohne daß man darauf achten muß, ob die Saiten genau über den Polen verlaufen.

Warum klingt ein PU in Halsnähe dumpfer als in Stegnähe?

Die meisten E-Gitarren werden mit 2 - 3 PU ausgestattet. Der PU in Halsnähe wird als Rhytmus-PU bezeichnet, da er dumpfer und voll klingt. Der Steg-PU wird als Lead-PU bezeichnet, da er heller und brillanter klingt und daher bei Soli in der Band durchsetzungsfähiger ist.

Es würde den Rahmen dieses Buches sprengen, zu erklären warum PU in unterschiedlichen Positionen verschieden klingen. Nur soviel dazu:
In Halsnähe werden die Grundtöne und in Stegnähe die Obertöne stärker aufgenommen.
Da die Saiten in Stegnähe weniger weit ausschwingen, hat der Steg-PU in der Regel zum Lautstärkeausgleich mehr Windungen.
Werden 2 PU zusammengeschaltet, dann ändern sich die Resonanzfrequenzen der Einzel-PU. Es finden auch Auslöschungen von Obertönen statt, so daß ein komplett anderer Sound entsteht.

4.10.2 Elektrische Bauteile

Zum besseren Verständnis für Schaltbilder und um kleine Reparaturen selbst vornehmen zu können, werden in diesem Kapitel alle wichtigen elektrischen Bauelemente für die E-Gitarre erklärt. Wir geben hier nur die schematische Darstellung von Bauteilen an, wie sie oft in Publikationen über E-Gitarren verwendet wird. Diese Darstellung entspricht aber nicht der wirklicher elektrischer Schaltbilder.

1. **Tonabnehmer**

- **Single Coil**
  Hier werden 2 Drähte aus dem PU herausgeführt (bei Single Coil in Humbucker Format siehe bei „Humbucker"). Der schwarze Draht ist meist die Masseleitung, der weiße Draht die Signalleitung oder der „heiße" Draht.

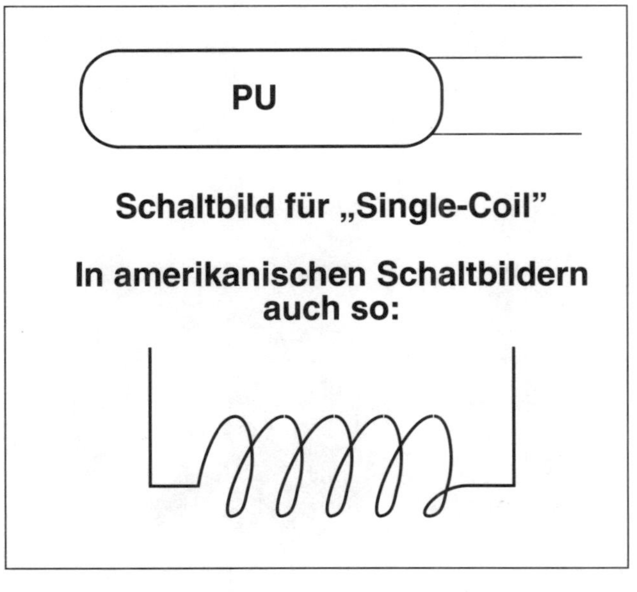

Abb. 108

- **Humbucker**
  Beim Humbucker werden 2 Drähte herausgeführt. Die Abschirmung außen ist der Masse-Draht, der Innenleiter der „heiße" Draht. Der PU ist dann intern in Serie geschaltet, d. h. die beiden Spulen werden hintereinander und nicht parallel geschaltet. Bei vielen Humbuckern kommen 4 Drähte und eine Abschirmung aus dem PU. Das sind dann je zwei Drähte für eine Spule. Die Abschirmung liegt an der metallischen Grundplatte. Die Drähte sind farbig gekennzeichnet. Welcher Draht zu welcher Spule gehört, kannst Du nur aus der Einbau- und Schaltanleitung des jeweiligen PU erfahren.

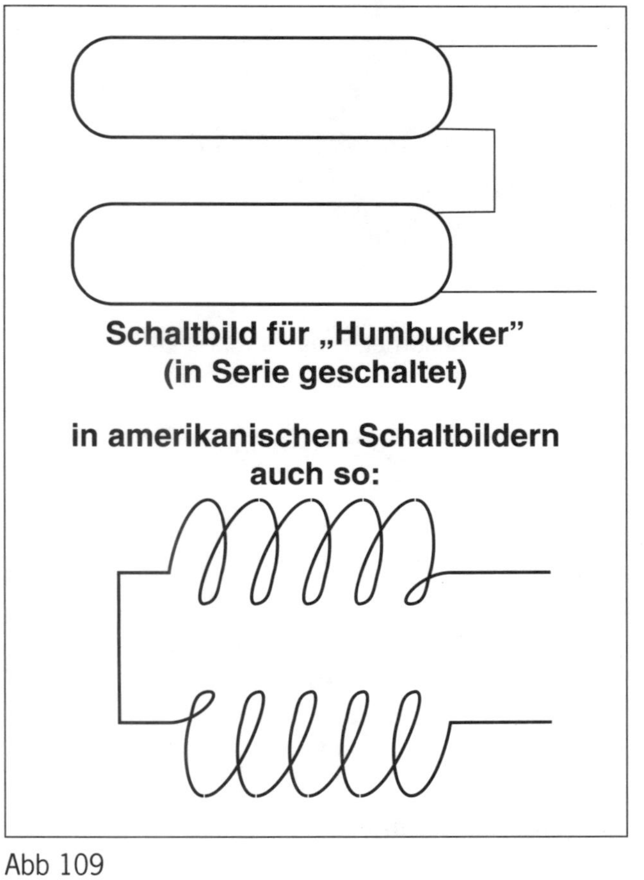

Abb 109

2. **Potentiometer**

Potentiometer sind (Dreh-)Regler, die für Lautstärke-, Tonregelung und Überblendfunktionen verwendet werden. Die Widerstandswerte werden in Ohm oder kOhm (=1000 Ohm) angegeben. Für Schaltungen mit Single-Coils werden im allgemeinen Potis mit 250 kOhm, bei Humbuckern mit 500 kOhm verwendet. Bei Tonreglern sollten unbedingt solche mit logarithmischer Kennlinie verwendet werden, um eine gleichmäßige Regelwirkung zu erhalten. Bei Lautstärkereglern ist es Geschmacksache, ob

man solche mit linearer oder logarithmischer Kennlinie verwendet. Der eine regelt am Anfang feiner, der andere am Ende des Drehbereichs. Die Widerstandswerte sind ins Gehäuse gestanzt, mit dem Zusatz log (=logarithmisch) oder lin (=linear).
Es gibt auch Doppelpotentiometer, mit denen von einem PU zum anderen stufenlos übergeblendet werden kann. Potentiometer bei E-Gitarren sind genormt. Sie haben in der Regel eine 6 mm Riffelachse, auf die die Knöpfe geschoben werden können.

Abb. 110 Potentiometer mit Riffelung in der Achse

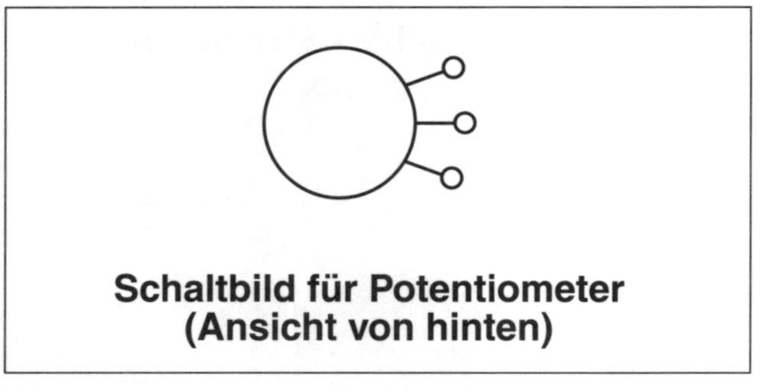

Abb. 111

3. **Kondensatoren**

Kondensatoren dienen in Verbindung mit dem PU zur Abdämpfung des Klangs. Sie bestehen im Prinzip aus zwei Metallflächen, die voneinander isoliert sind. Für Wechselspannungen wie die PU-Signale sind sie durchlässig. Sie haben aber verschieden hohe Widerstände für unterschiedliche Frequenzen. Das erklärt, warum ein Gitarrenkabel den Klang abdämpft: Ein Kabel mit seinen zwei Drähten und der Isolierung dazwischen wirkt wie ein Kondensator. Der Wert eines Kondensators wird meist in µF (=Micro-Farad) angegeben. Für die Tonregelung werden meist Werte von 0.02 - 0.05 µF eingesetzt. Sie sind auf dem Kondensator aufgedruckt.

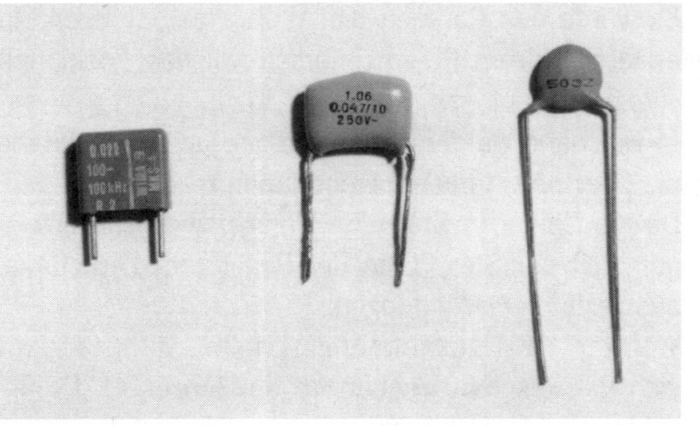

Abb. 112 Kondensatoren für Tonregler

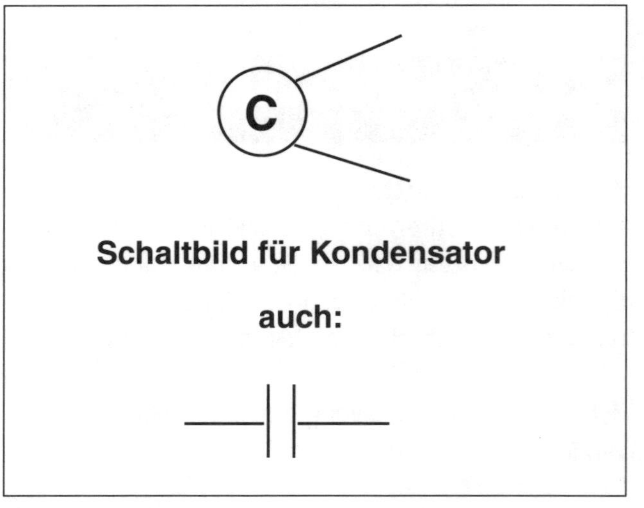

Abb. 113

4. **Schalter**

Bei E-Gitarren gibt es im Prinzip vier verschiedene Schalterarten, 3-Weg Schalter für Gibson-Gitarren mit 2 PU, 3- oder 5-Weg Schalter bei Fender-Gitarren sowie zum Schalten von 3 PU Minischalter zum Ein/Aus- und Umschalten. Bei den Push/Pull Potis ist ein Schalter und ein Potentiometer kombiniert. Das hat den Vorteil, daß man kein Loch bohren muß, wenn man einen zusätzlichen Schalter einbauen will.

Abb. 114 Diverse Schalter in E-Gitarren

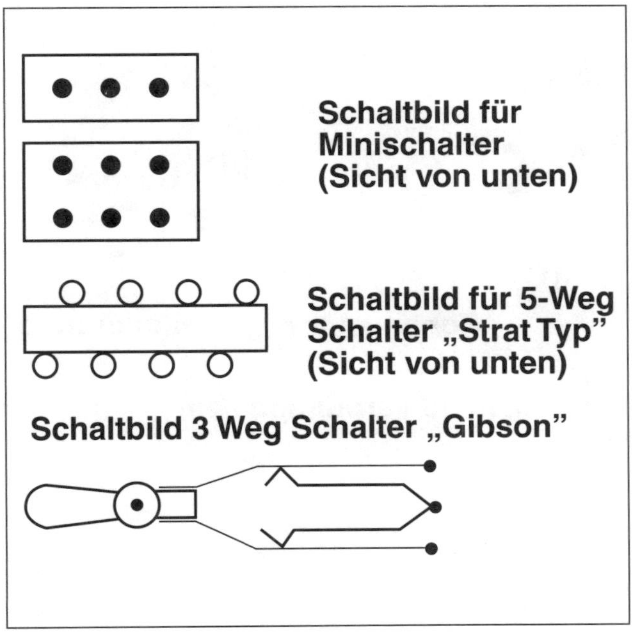

Abb. 115

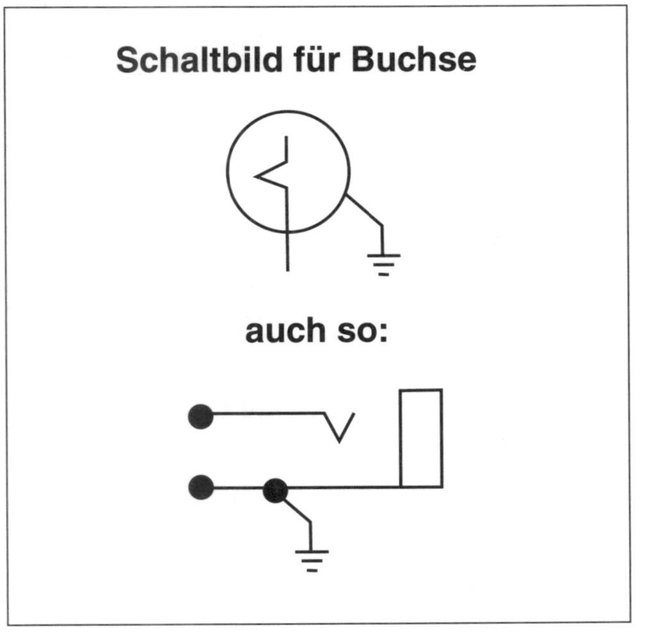

Abb. 117

5. **Ausgangsbuchsen**

Die Ausgangsbuchsen bei E-Gitarren sind fast ausschließlich Klinkenbuchsen in mono oder stereo mit 6,3 mm Durchmesser. Es gibt offene und gekapselte Ausführungen.

Abb. 116 Ausgangsbuchsen für Klinkenstecker (gekapselte und offene Ausführung)

4.10.3 Schaltungen

Im E-Gitarrenbereich sind Schaltbilder oft ein heilloses Durcheinander von schematischen und elektrischen Schaltbild-Darstellungen. Wir verwenden hier schematische Darstellungen, da diese leichter nachzuvollziehen sind.

Die einfachste Schaltung (vgl. Abb. 118 auf der folgenden Seite) ist so aufgebaut: Das Signal, das vom PU kommt, wird mit dem Lautstärkeregler (als sogenannter Spannungsteiler) laut und leise geregelt. Der parallel liegende Tonregler dämpft mit dem dazugeschalteten Kondensator den Ton mehr oder weniger ab. Das Signal wird an die Buchse weitergeleitet und von dort mit dem Gitarrenkabel abgenommen. Sämtliche Metallteile der Schaltung, wie Potigehäuse, Schalter usw. müssen untereinander und mit der Abschirmung des PU verbunden sein.

Manchmal findet diese Verbindung auch über die Metallfolie, mit der das Pickguard beklebt ist, statt. Sicherer ist jedoch, alle Teile mit einem Draht zu verbinden. Saiten, Brücke und Saitenhalter sind ebenfalls zur besseren Abschirmung und damit zur Störgeräuschunterdrückung mit der Masse verbunden.

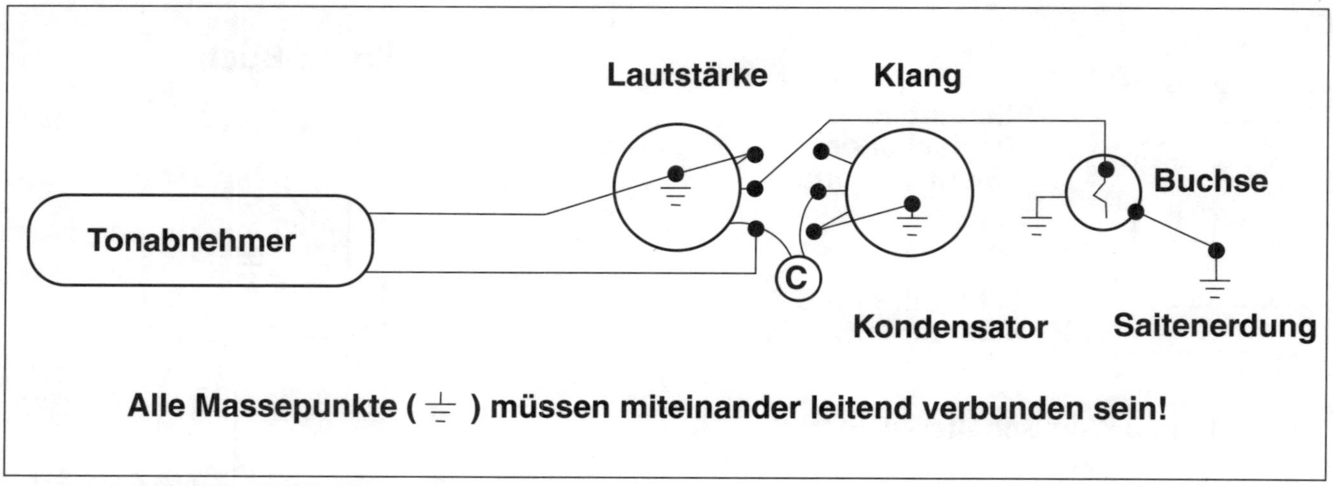

Abb. 118 Einfache Schaltung für E-Gitarren

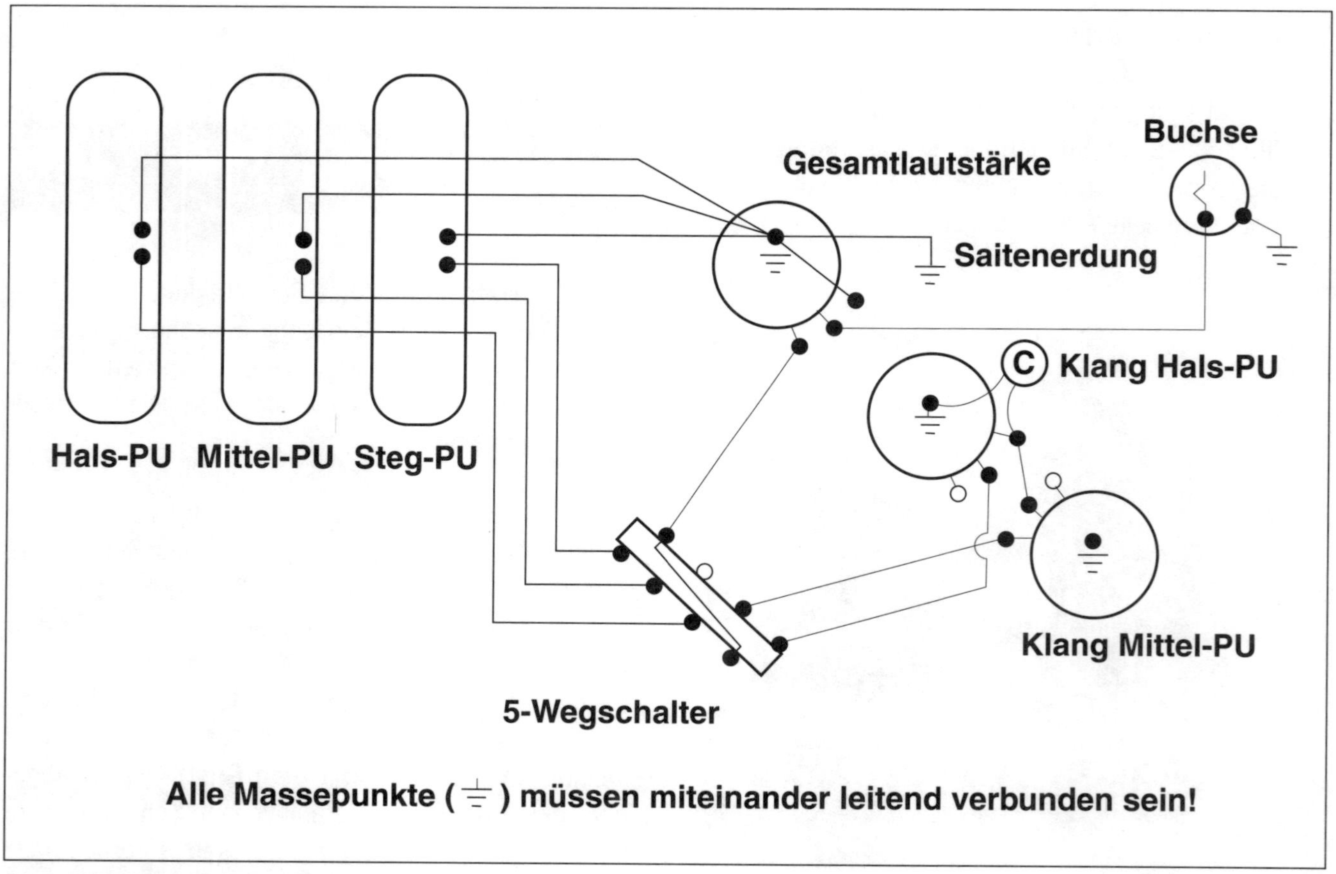

Abb. 119 Stratocaster-Schaltung

Oberstehend in Abb. 119 die Stratocaster-Schaltung:
Die PU-Leitungen werden zuerst zu dem 5-Weg Schalter geführt, der intern so ausgelegt ist, daß es folgende Kombinationen gibt: PU 1 - PU 1 + PU 2 - PU 2 - PU 2 + PU 3 - PU 3. Der Ausgang des Schalters wird zum einzigen Lautstärkeregler geführt.
Die Signale von PU 1 und PU 2 werden über den Schalter direkt zu den beiden Tonpotis geführt. PU 3 ist im Klang nicht regelbar. Die beiden Tonpotis haben in der Regel einen gemeinsamen Kondensator.

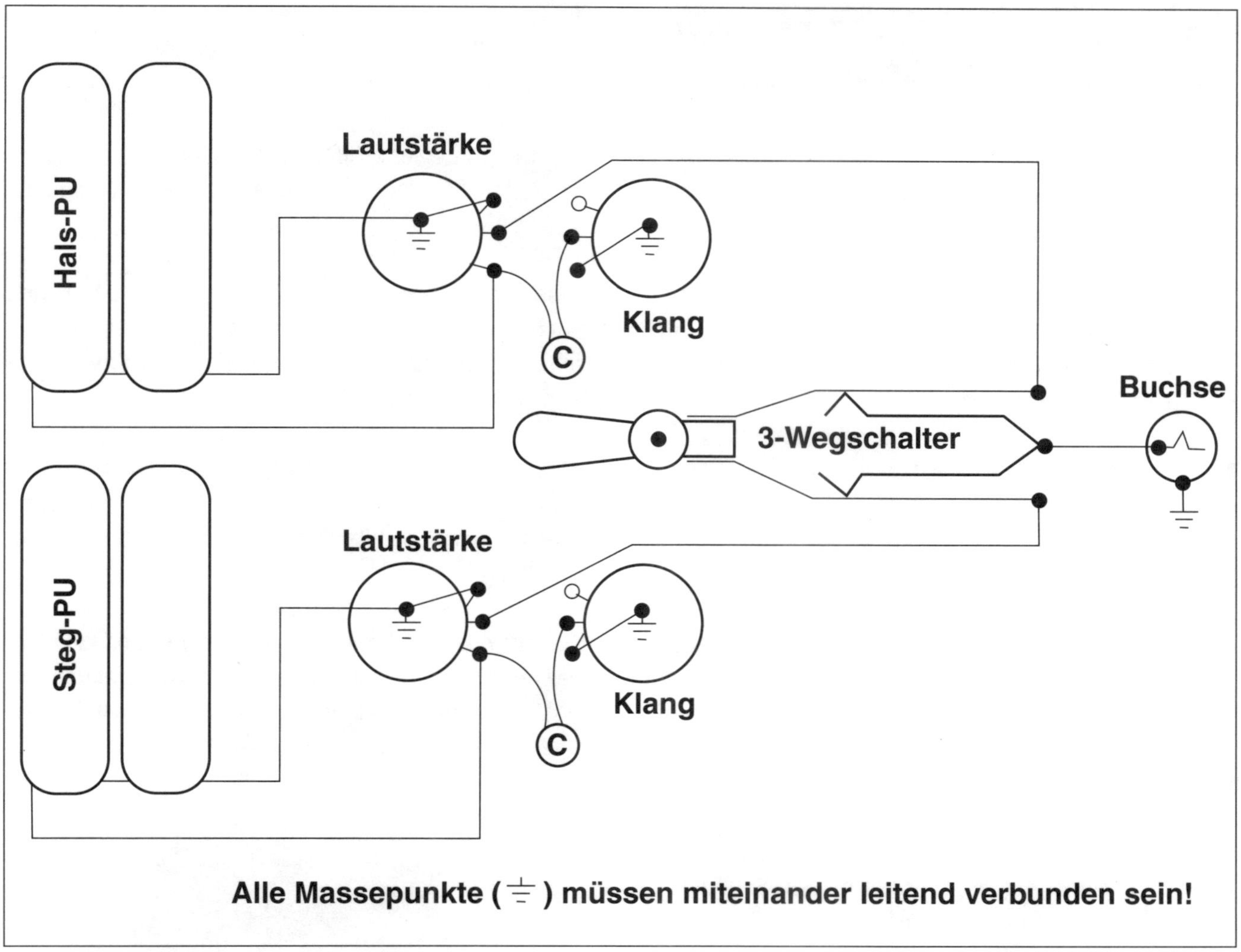

Abb. 120 Schaltung für die Les Paul

Bei der Schaltung für die Les Paul (Abb. 120) gibt es jeweils einen Lautstärkeregler und einen Klangregler pro PU. Der 3-Weg Schalter schaltet die Kombinationen: PU 1 - PU 1 + PU 2 - PU 2. Da die beiden PU in Mittelstellung zusammengeschaltet sind und jeder PU einzeln in der Lautstärke regelbar ist, beeinflussen sie sich ziemlich stark. Das heißt, dreht man den Lautstärkeregler des einen PU leiser, dann wird auch der andere PU leiser.

4.10.4 Störungen und Reparaturen

1. **PU**

- Der PU „pfeift" und überträgt Klopfgeräusche: Er ist „mikrophonisch", d. h. die Wicklungen oder das Metallgehäuse sind locker. Gehäuse festlöten und Wicklungen mit Wachs tränken. Das Risiko hierbei ist, daß die Isolierung der Drähte wegschmelzen könnte. Wer sicher gehen will, läßt das in der Werkstatt machen.

- Der PU ist zu leise: Er ist zu weit von den Saiten weg. In diesem Fall muß der PU näher an die Saiten montiert werden. Beim Humbucker könnte es auch sein, daß nur noch eine Spule funktioniert. Prüfe, ob alle Drähte und Verbindungen im Elektrikfach intakt sind. Ist hier alles in Ordnung, liegt der Defekt im PU. Ein Fall für die Werkstatt.

- Der PU funktioniert überhaupt nicht. Es kommt kein Signal. Schaltung überprüfen, ob alle Drähte und Lötstellen einwandfrei sind. Ist dies der Fall, Schalter und Ausgangsbuchse prüfen. Sind diese in Ordnung, PU ablöten und mit einem Meßgerät prüfen, ob der PU einen Kurzschluß hat oder ein Draht innen abgerissen ist.

Abb. 121 Solche Lötstellen können Störungen verursachen.

2. **Potentiometer**

- Der Regler kratzt beim Drehen. Die Widerstandsbahnen sind verschmutzt. Mit Kontaktspray ins Poti-Gehäuse sprühen oder Poti austauschen.

- Der Regler hat Aussetzer. Die Widerstandsbahnen sind defekt. Poti austauschen.

- Der Tonregler arbeitet nicht mehr. Lötstellen überprüfen oder Kondensator austauschen.

Ansonsten können noch Schäden bei Schaltern und Buchsen auftauchen. Sind diese defekt, dann tausche sie aus, da sie in der Regel nicht zufriedenstellend repariert werden können.

Hörst Du ein lautes Brummen, aber kein Signal im Verstärker, dann ist meist eine Masseverbindung defekt. Überprüfe alle Drähte und Verbindungen der Schaltung.

Die mit Abstand häufigsten Störungen sind defekte, weil verschmutzte oder verbogene Ausgangsbuchsen, kratzende Potis und abgerissene Drähte, weil sich ein daran befestiges Bauteil gelockert hat.

Abb. 122 Dieser Schalter wurde durch zu langes Löten zerstört.

Wie wechselst Du Potis, Schalter und Ausgangsbuchsen?

Dazu brauchst Du folgendes Werkzeug:

- Schraubenzieher
- Schraubenschlüssel oder Zange
- Lötkolben, Lötzinn und Entlötlitze
- Spitzzange
- Seitenschneider

1. Pickguard (bei Fender-Gitarren) abschrauben, oder Elektrofachabdeckung entfernen.

2. Lage der Drähte und Verbindungen an dem betreffenden Bauteil zur Erinnerung aufzeichnen.

3. Verbindungen ablöten und Bauteile abmontieren. Probleme gibt es beim Wechselschalter der Les Paul. Es gibt für das Abschrauben der Rändelmutter ein Spezialwerkzeug, mit der Zange mußt Du hier sehr aufpassen, sie rutscht leicht ab.

4. Neues Bauteil montieren und Verbindungen anlöten.

5. Vor dem Montieren des Pickguards testen, ob das Bauteil richtig eingebaut und angeschlossen ist. Zum Testen kannst Du mit dem Schraubenzieher auf die PU klopfen und so die Schaltung im ausgebauten Zustand ohne Saiten überprüfen.

So, zum Schluß noch ein paar Tips zum Löten.

Du solltest beim Löten, v. a. an den Potigehäusen einen Lötkolben mit mindestens 40 W, höchstens aber 80 W verwenden.
Wichtig ist auch das Lötzinn. Es sollte Elektronik-Lötzinn mit einem Flußmittel in der Drahtmitte sein. Um altes Lötzinn zu entfernen, ist auch eine Entlötlitze aus Kupfergeflecht notwendig.

Wichtig ist:

Ist an einer Lötstelle ein Draht abgerissen, dann das alte Lötzinn mit der Entlötlitze entfernen. Du legst die Litze auf die Lötstelle und erhitzt sie so lange, bis sie alles aufgesaugt hat. Nur kurz (ca. 5 Sekunden) auf der Lötstelle bleiben, da sonst das Bauteil durch Hitze zerstört wird.

Anschließend wird der (abisolierte Draht) mit neuem Lötzinn angelötet. Dazu schlingst Du den Draht um die Lötöse oder fixierst ihn auf der Lötstelle. Mit dem Lötkolben wird der Draht und die Lötöse erhitzt, dann hälst Du das Lötzinn an die Stelle und lötest die Teile fest. Erst wenn das Lötzinn erkaltet ist, kannst Du den Draht zur Kontrolle bewegen. Ist die Oberfläche der Lötstelle matt und rauh, war die Lötstelle zuwenig erhitzt und es kann zu Kontaktproblemen kommen.

Tip

Beim Löten immer den Gitarrenkorpus abdecken, da herunterfallendes heißes Lötzinn den Lack anschmelzen könnte.

4.11 Tuning der E-Gitarre

Unzufrieden mit Deiner Gitarre? Was tun?
Da vor allem Leo Fender eine servicefreundliche, leicht zu reparierende Gitarre entwickelt hatte, ist es möglich, an einer E-Gitarre nahezu alles hemmungslos auszutauschen.

4.11.1 Elektronik

1. **PU-Umbau und Austausch**

Es gibt mehrere Gründe, um einen PU auszutauschen:

- Der Sound gefällt Dir nicht
- Die PU sind zu schwach
- Die Single-Coils brummen zu sehr

Es gibt komplette Austauschsets (PU + Potis + Zubehör), teilweise schon fertig verdrahtet für Stratocaster, Telecaster und Les Paul. PU bzw. Sets gibt es von Firmen wie Seymour Duncan, EMG, usw. Den Sets liegen ausführliche Einbauanleitungen bei.

Für den Tausch brauchst Du folgendes Werkzeug:

- Schraubenzieher
- Schraubenschlüssel und Zange
- Seitenschneider
- Spitzzange
- Lötkolben, Lötzinn und Entlötlitze

1. Für Fender-Gitarren: Pickguard abmontieren, Verbindungsdraht zum Steg ablöten.
   Für Les Paul: Deckel vom Elektronikfach abschrauben.

2. Werden einzelne PU getauscht, dann vor dem Ablöten notieren, wo die einzelnen Drähte angeschlossen sind. PU ablöten.

3. Der alte PU wird abmontiert, der neue PU eingebaut und laut Anschlußbild oder Einbauanleitung mit der Schaltung verlötet.

4. Vor dem Einbau des Pickguards bzw. Festschrauben der PU bei der Les Paul mit einem Schraubenzieher auf die PU klopfen und über den Verstärker prüfen, ob alles funktioniert.

5. Pickguard bzw. PU montieren, Saiten aufziehen und die richtige PU-Höhe einstellen.

Die richtige PU-Höhe

Um einen optimalen PU Sound zu bekommen, ist der richtige Abstand zu den Saiten wichtig. Er sollte so eingestellt werden, daß der Abstand der Leersaiten zu den Polmagneten 5 mm nicht unterschreitet. Anschließend überprüft man, ob die Saiten, wenn man sie in den höchsten Lagen spielt, den Hals-PU berühren. Tun sie dies, den Abstand zwischen Saite und PU vergrößern. Ist ein PU zu nahe an den Saiten, so kann er durch seine Magneten die Schwingung der Saiten beeinflußen. Dieser Effekt taucht vor allem bei den starken Magneten der Single-Coil PU auf.

Bei der Montage von aktiven PU-Systemen ist immer eine 9 V-Batterie dabei. Hat sie im Elektrikfach keinen Platz, dann muß dort durch Fräsen Platz geschaffen werden oder Du läßt Dir auf der Korpusrückseite ein Batteriefach einsetzen.

2. **Single-Coil PU in Steg-Position gegen Humbucker austauschen.**
   Bei der Stratocaster bringt dieser Tausch eine erhebliche Sounderweiterung. Allerdings mußt Du eine Öffnung für den Humbucker fräsen lassen. Den Einbau und die Verdrahtung kannst Du je nach Geschick dann selber mit Hilfe der beiliegenden Verdrahtungspläne vornehmen.

3. **Midboost Einbau**
   Diese Modifikation ist für Fender Gitarren mit Single-Coils geeignet. Der Midboost ist ein kleiner Vorverstärker, der in die Gitarre eingebaut wird und nur die Mitten anhebt. Dadurch wird der Stratsound voller. Der Midboost wird mit und ohne Regler angeboten. Einbauanleitungen liegen bei, allerdings brauchst Du auch hier eine 9 V-Batterie und Platz für deren Einbau.

4. **Kondensatortausch in der Klangregelung**
   Wünschst Du eine stärkere Dämpfung des Signals, dann nimm einen höheren Wert. Ist die Dämpfung zu hoch, d. h. der Ton zu dumpf, dann löte einen Kondensator mit niedrigerem Wert ein. Kondensatoren sind billige Bauteile, die Du im Elektronikhandel bekommst. Ist Dir die Klangregelung nicht gleichmäßig genug, dann mußt Du prüfen, ob das Tonpoti eine logarithmische Kennlinie hat. Wenn nicht, dann mußt Du es austauschen.

5. **Schaltungsänderungen**
   Bei diesen Schaltungsänderungen werden Minischalter oder Push/Pull-Potis verwendet.

   Humbucker oder Single-Coil Humbucker mit 4 Kabeln können folgendermaßen geschaltet werden:

- **Single-Coil Betrieb**
  Eine Spule ist kurzgeschlossen, klingt wie ein Single-Coil, Gefahr der Brummeinstreuung.

Single-Coil-Schalter

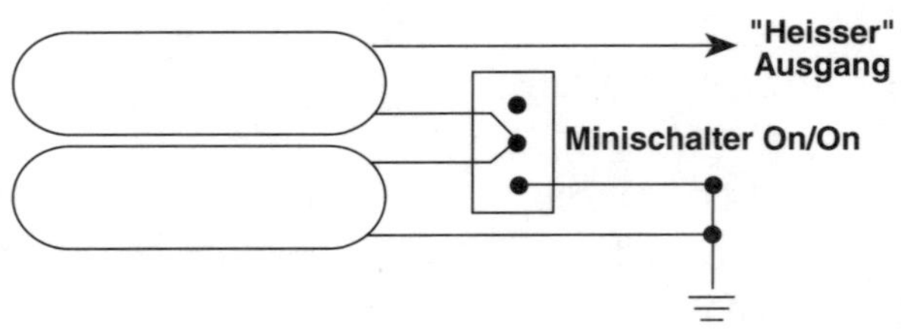

Abb. 123

- **Humbucker Serien-Parallelschaltung**
  Spulen in Serie: Dies ist der Standardsound bei Humbucker, voller Klang, wenig Obertöne, brummfrei.
  Spulen parallel: Sound ist höhenreicher als bei der Serienschaltung, Gefahr der Brummeinstreuung.

Serie-Parallel-Schalter

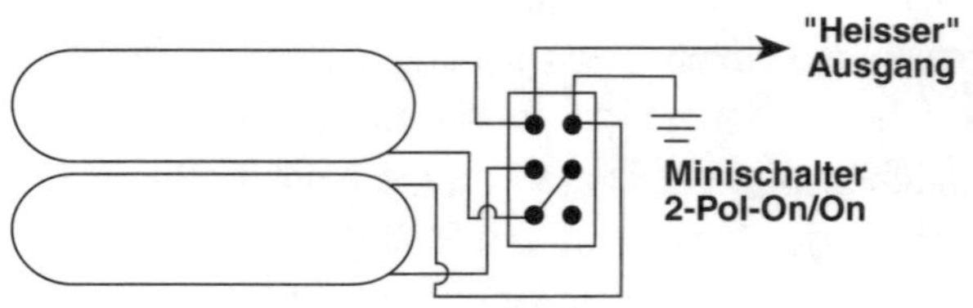

Abb. 124

> **Tip**
> **Da man in eine Les Paul nur mit großem Aufwand einen Minischalter oder ein Push/Pull Poti einbauen kann, ist die folgende Schaltung eine gute Alternative, wenn man eine Single-Coil-Schaltung haben möchte.**

Dafür muß man allerdings einen Tonregler verwenden. In der voll aufgedrehten Position arbeitet der angeschlossene PU als Single-Coil, in Stellung 1-9 ist der Klangregler aktiv.

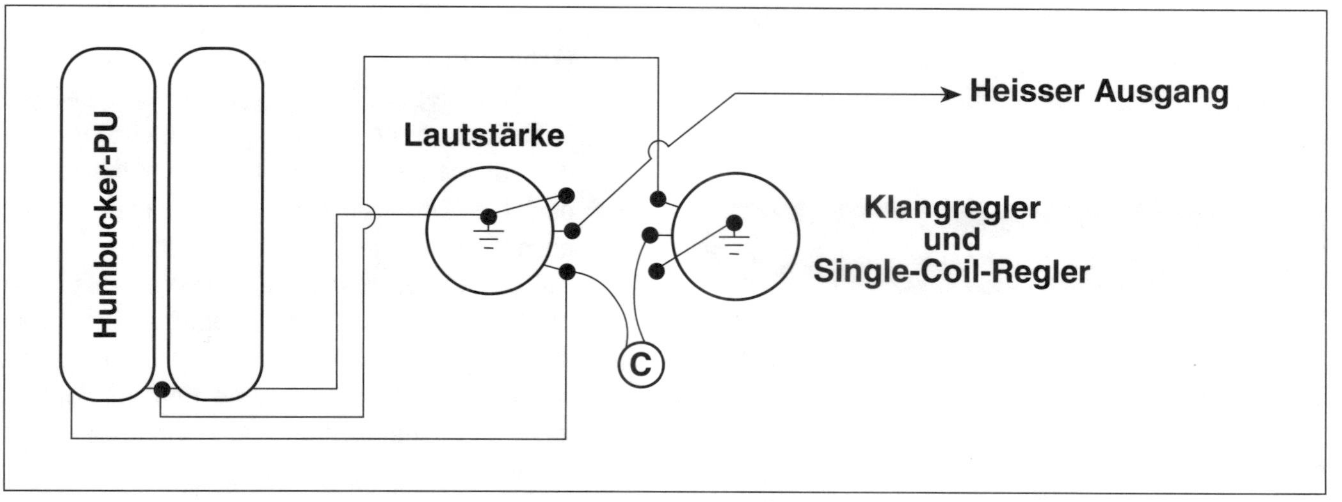

Abb. 125 Single-Coil-Regler für Humbucker

- **Strat-Schaltung**
  In der normalen Strat-Schaltung mit 5-Weg Schalter gibt es folgende PU-Kombinationen: PU1 - PU1 + PU2 - PU2 - PU2 + PU3 - PU3. Will man jede beliebige Kombination, dann ist folgende Schaltung sinvoll.

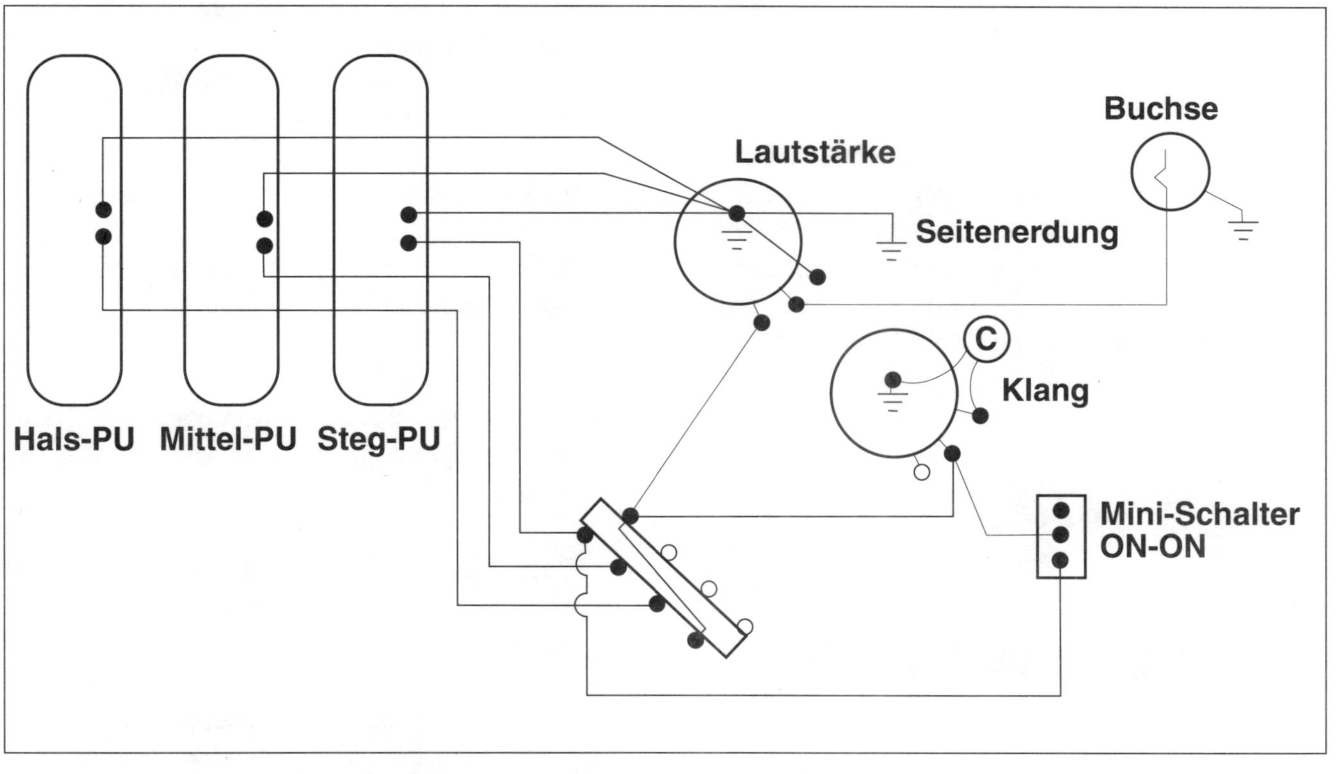

Abb. 126 Veränderte Strat-Schaltung: Steg-PU in jeder Position zuschaltbar.

Hier kann der PU3 entweder in normaler Kombination betrieben werden oder er wird direkt über einen Schalter zum Lautstärkeregler dazugeschaltet und damit sind die zusätzlichen Kombinationen PU1 + PU3 - PU1 + PU2 + PU3 möglich.

4.11.2 Hardware

Über Mechaniken, Pickguards und Kleinteile haben wir schon im Kapitel „Die Hardware“ (s. ab S. 54) ausführlich geschrieben.

Stege und Tremolos

Hier lassen sich einige Teile austauschen und damit Klang, Sustain, Bespielbarkeit und Stimmstabilität verbessern.

- Alte Tune-O-Matic Stege haben eine Bügelfeder, die bei bestimmten Frequenzen mitscheppert. Entfernt man die Feder, so können die Reiter aus dem Steg fallen. Von Schaller und Gotoh gibt es Austauschstege, die ohne Feder arbeiten und nicht so wackelig sind. Die Austauschteile passen auf die Originalbolzen.

- Tele-Stege mit 3 Saitenreitern lassen keine genaue Intonations-Einstellung zu. Von Gotoh und ABM gibt es Austauschstege, die sechs Einzelreiter besitzen und ohne neue Löcher auf die Gitarre passen.

- Bei Strat-Tremolos läßt sich ohne Bohr- oder Fräsarbeit keine Verbesserung der Stimmstabilität erreichen. Die Montage von Klemmechaniken, einem Graphitsattel und Saitenniederhalter mit Rollen oder aus Graphit sind hier sinnvolle Verbesserungen (vgl. Abb. 127).

Abb. 127 Graphitsattel und Saitenniederhalter

- Bei all diesen Stegsystemen lassen sich auch die Reiter einzeln austauschen, falls sie abgenutzt oder defekt sind.

- Einbau von verbesserten Tremolo-Systemen
  Für Strat-Type Gitarren gibt es verschiedene Tremolo-Systeme (s. ab S. 58). Meistens muß die Fräsung für den Tremoloblock verändert werden. Das Einsetzen eines Klemmsattels kommt noch dazu. Auf jeden Fall erfordert ein Umbau viel Erfahrung, weshalb wir Dir empfehlen, die Werkstatt aufzusuchen. Du kannst Dich dort auch beraten lassen, ob sich der Umbau überhaupt lohnt, da die Systeme und der Einbau teuer sind. Eine Zweit-Gitarre, schon ab Werk mit einem Tremolo-System ausgerüstet, ist oft der bessere Weg.

4.11.3 Hals, Griffbrett und Bünde

- Hat Deine Gitarre einen angeschraubten Hals, kannst du ihn, falls er Dir nicht gefällt, oder er defekt ist, durch einen Austauschhals ersetzen. Manche Firmen bieten für ihre Gitarren selbst neue Hälse an (z. B. Fender). Dies hat den Vorteil, daß der neue Hals ohne Anpassungsarbeiten in den Korpus paßt.

Zur Montage brauchst Du folgendes Werkzeug:

- Bohrer und Bohrmaschine oder Handbohrer
- Schraubenzieher
- Seife

1. Du setzt den neuen Hals von oben in die Halsfräsung. Kontrolliere, ob er sauber und ohne Spiel sitzt.

2. Dann markierst Du mit den Halsschrauben durch den Korpus die Schraubenlöcher auf dem Halsfuß.

3. Je nach Schraubendurchmesser mußt Du die Löcher vorbohren (Schraubendurchmesser x 0.8 = Bohrerdurchmesser). Vorsicht: Nicht durch das Griffbrett bohren. Am besten die Bohrtiefe am Bohrer mit Klebeband markieren. Achte darauf, daß Du die Löcher senkrecht bohrst.

4. Nun setzt Du den Hals wieder in den Korpus ein

und schraubst ihn fest. Wenn Du vorher die Schrauben einseifst, lassen sie sich leichter drehen.

5. Anschließend müssen der Halsstab, die Saitenlage und die Intonation, wie im Kapitel „Saitenlage und Intonation“ (s. S. 62) beschrieben, eingestellt werden.

Ist kein Original-Ersatzhals erhältlich, können bei Austauschhälsen Anpassungsprobleme entstehen. Das Nacharbeiten der Hals-Korpusfräsung ist etwas für Fachleute.

- Ist Dir der Hals deiner Gitarre zu dick, so kannst Du ihn dünner „shapen“ lassen. Ob der Hals dafür geeignet ist und wieviel Holz abgenommen werden kann, sagt Dir Deine Werkstatt. Da der Hals danach neu lackiert werden muß, ist diese Aktion nicht ganz billig.

- Gefallen Dir die Bünde Deiner Gitarre nicht, weil sie zu hoch oder zu flach sind (s. S. 65), kannst Du sie gegen andere austauschen lassen.

Abb. 128 Scalloped fretboard.

- Ziehst Du häufig in den oberen Lagen Deine Saiten und stört Dich, trotz hoher Bünde der Kontakt zum Griffbrett, dann kannst Du Dein Griffbrett zwischen den Bünden aushöhlen lassen (scalloped fretboard), vgl. Abb. 128.

- Noch ein Punkt, den wir schon beim Thema Saitenlage erwähnt haben: Bei Griffbrettern mit starker Wölbung läßt sich die Saitenlage nicht so flach einstellen, da sonst die Töne beim Saitenziehen absterben. Willst Du nicht auf eine flache Saitenlage verzichten, kannst Du den Griffbrettradius etwas abflachen lassen. In Deiner Werkstatt kostet das etwas mehr als eine normale Neubundierung. Sind bei Deiner Gitarre sowieso neue Bünde fällig, könntest Du diese Arbeit gleich mitmachen lassen.

5.

Der E-Bass

DER E-BASS

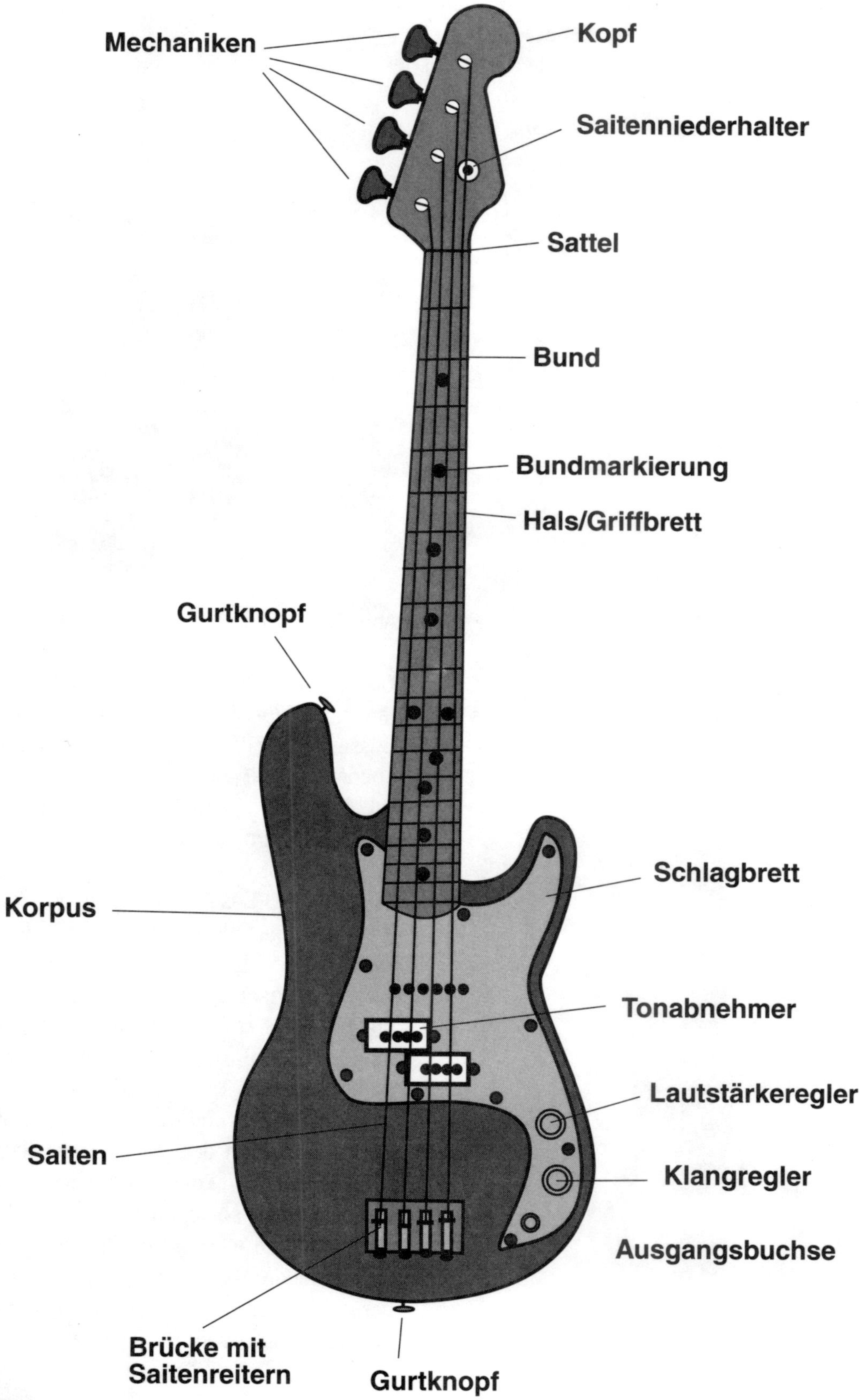
Mechaniken
Kopf
Saitenniederhalter
Sattel
Bund
Bundmarkierung
Hals/Griffbrett
Gurtknopf
Schlagbrett
Korpus
Tonabnehmer
Lautstärkeregler
Saiten
Klangregler
Ausgangsbuchse
Brücke mit
Saitenreitern
Gurtknopf

5.1 Die Geschichte des E-Basses

Heute finden wir es selbstverständlich, in jeder Band einen E-Bass zu hören. Daß dieser Bass erst vor gut 40 Jahren erfunden wurde und keinen direkten akustischen Vorgänger wie die E-Gitarre hatte, wird oft vergessen. Den ersten E-Bass hat Leo Fender 1951 auf den Markt gebracht. Davor gab es nur den Kontrabass: Bundlos, schwer zu spielen und kaum zu transportieren. Fender hat nur die Stimmung der Saiten übernommen. Der Rest wurde an die E-Gitarre (Telecaster) angelehnt, nur eben etwas größer. Jetzt konnte man einen Bass plötzlich um den Hals hängen und beliebig verstärken. Auch das Spielen wurde durch die Bünde und die verkürzte Mensur (86,4 cm wird heute als „longscale" bezeichnet) erheblich vereinfacht. Da der Bass durch die Bünde so einfach und mit Präzision (=Precision) zu intonieren war, wurde er „Precision-Bass" getauft und existiert seit dieser Zeit nahezu unverändert auf dem Markt (vgl. Abb. 129).

Abb. 129 Precision-Baß

Abb. 130 Jazz-Baß

Die Konstruktion mit angeschraubtem Hals ist einfach und funktional. Auch heute sind die meisten Bässe so aufgebaut. Das zweite große Vorbild ist der ebenfalls von Fender entwickelte Jazzbass (1960), vgl. Abb. 130. Er hat zwei PU, einen etwas schmaleren Hals (am Sattel) und einen größeren Korpus. Ansonsten ist er wie der Precision-Bass konstruiert. Durch die PU Bestückung ist er vom Sound her deutlich vielfältiger als letzterer. 1957 stellte die Firma Rickenbacker ihren E-Bass 4000 vor. Er hatte eine kürzere Mensur und war dadurch etwas leichter zu greifen (84,3 cm = „medium scale"). Rickenbacker baute diesen Bass als erste Firma serienmäßig mit durchgehendem Hals. Die Firma Alembic griff diese Konstruktion auf und machte sie zum Standard ihrer Bässe. Bereits in den 70er Jahren setzten sie Maßstäbe in Sachen „Edelbass": Durchgehende, graphitverstärkte Hälse, exotische Hölzer in Sandwich-Bauweise und eine aktive Elektronik waren wegweisende Neuerungen. Heute gibt es eine Vielzahl kleiner und großer Firmen, die nach ähnlichen Prinzipien ihre Bässe aufbauen.

Abb. 131 Rickenbacker-Baß

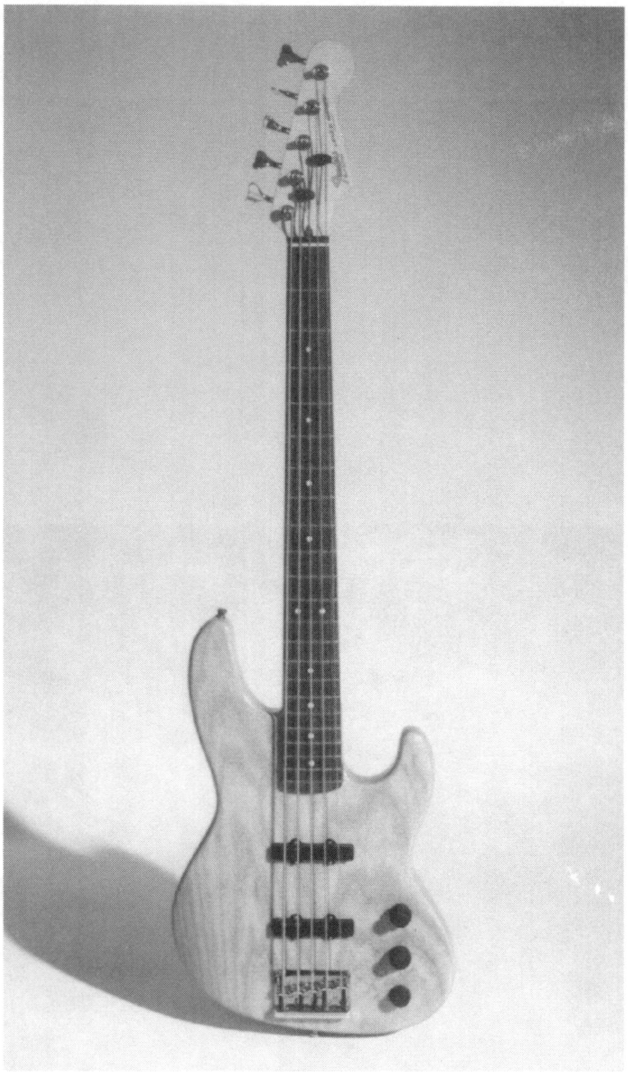

Abb. 132 5-Saiten-Baß

Veränderte Spieltechniken und die Tendenz, den Bass nicht nur zur Begleitung einzusetzen, führten zur Entwicklung einiger Sonderformen, die parallel zum traditionellen 4-Saiter existieren.

- Die Erfindung des bundlosen E-Basses (fretless) wurde Mitte der 70er Jahre von Jaco Pastorius, einem bekannten Jazz-Bassisten, populär gemacht (vgl. Abb. 133, folgende Seite).

- Die Erweiterung des Tonumfangs nach unten (tiefe H-Saite) und später auch nach oben (hohe C-Saite) ließen den 5- und 6-saitigen Bass entstehen (vgl. Abb. 132).
  Mit der tiefen H-Saite entstanden auch Bässe mit verlängerter Mensur (91 cm = „x-long scale"), die ein besseres Schwingungsverhalten der Saite bewirkt.

Neben den bisher beschriebenen Bässen gab und gibt es noch andere Arten, wie z. B. den „Beatles-Bass" von Höfner (vgl. Abb. 134, folgende Seite) oder Halbakustik-Bässe von Gibson, die durch ihre Bauweise einen sehr speziellen und damit nur bedingt einsetzbaren Sound liefern.

Erwähnt werden muß auch noch der Headless-Bass. 1982 stellte der amerikanische Designer Ned Steinberger seinen kopf- und beinahe korpuslosen Bass vor. Eine Idee, die nicht ganz neu war, aber hier eine kleine Revolution im Instrumentenbau bedeutete. Der Bass besteht nicht mehr aus Holz sondern ist komplett aus glas- und graphitfaserverstärktem Kunststoff hergestellt.

Diese Konstruktion löste eine Welle von Nachahmungen aus. Neben Instrumenten mit Graphithälsen, gibt es heute verschiedene Headless-Bässe zu kaufen (vgl. Abb. 135).

Abb. 134 Beatles-Baß von Höfner ⇒

Abb. 133 Fretless-Baß

Abb. 135 Headles-Baß

5.2 Hölzer für E-Bässe

Neben den üblichen Hölzern, die wir schon bei der E-Gitarre (s. S. 52) beschrieben haben, werden im Bassbau viele optisch ansprechende Harthölzer verwendet.
Häufig sind diese aus optischen, klanglichen Gründen und wegen der Stabilität in Schichten verleimt (Sandwich-Korpus, mehrstreifiger Hals). Manche Bässe haben auch einen Korpus aus einem leichten Holz, auf das dann von oben ein schön gemasertes Hartholz aufgeleimt ist.

Folgende Hölzer werden im Bassbau verwendet: Ahorn, Birnbaum, Bubinga, Ebenholz, (Sumpf-) Esche, Erle, Kirsche, Linde, Mahagoni, Nußbaum, Padouk, Palisander, Pappel, Wenge und Zebrano.
Für Griffbretter von bundlosen Bässen eignen sich nur harte Hölzer. Ebenholz und bedingt auch Palisander werden verwendet. Weichere Hölzer würden sich zu schnell unter den Saiten abnützen.

5.3 Oberflächen-Behandlung

Lacke

Hier gibt Dir das Kapitel „Lacke für E-Gitarren“ (siehe Seite 53) Auskunft.

Öle und Wachse

Bässe aus dunklen und harten Hölzern sind häufig gar nicht lackiert, sondern nur geölt und gewachst. Helle Hölzer, die nicht lackiert sind, werden im Laufe der Zeit dunkel und schmutzig. Das Ölen und Wachsen bietet bei harten Hölzern ausreichend Schutz gegen Fingerschweiß und Luftfeuchtigkeit. Von Zeit zu Zeit sollte die Holzoberfläche nachbhandelt werden, damit sie nicht austrocknet und der Feuchtigkeitsschutz gewährt bleibt.

Wie gehst Du beim Ölen und Wachsen vor?

Dazu brauchst Du folgendes Material:

- Leinöl (Apotheke)
- Bienenwachslösung (z. B. von Auro)
- mehrere weiche Tücher
- Schleifpapier 220 Körnung

1. Zunächst kannst Du mit dem Schleifpapier kleine Kratzer und Druckstellen wegschleifen.

2. Nun reibst Du mit einem, in Leinöl getränkten Tuch die gesamte Holzoberfläche ab. Du solltest nicht zuviel Öl verwenden, da sich sonst das Holz zu sehr vollsaugt und den Ton dämpft.

3. Nach ein paar Minuten wischt Du mit einem frischen Tuch das überflüssige Öl ab, sonst bildet sich eine klebrige Schicht auf der Oberfläche. Über Nacht trocknen lassen.

4. Mit einem Tuch die Wachslösung dünn auftragen, nach ein paar Minuten den Überschuß abwischen und trocknen lassen.

5. Die Oberfläche mit einem Tuch nachpolieren.

Tip

Leinöl entzündet sich sehr leicht. Das ölige Tuch zum Trocknen ausbreiten, da es sich sonst selbst entzünden kann.

Risse und Brüche

Im Kapitel „E-Gitarre“ (siehe Seite 53) steht alles, was Du darüber wissen solltest.

5.4 Die Hardware

5.4.1 Mechaniken

Die Mechaniken für E-Bässe sind wegen des hohen Saitenzuges der Baß-Saiten entsprechend robust gebaut. Es werden drei verschiedene Bauweisen verwendet:

1. **Fender Style (offene Mechanik)**
   Die Saite wird von oben in die Achse gesteckt und dann aufgewickelt. Durch die dicke Achse wird die Saite schonend aufgerollt. Aufgrund ihrer relativ großen Abmessung ist sie für kleine Kopfplatten nicht geeignet.

Abb. 136 Offene Mechanik

2. **Halbgeschlossene Mechanik**
   Die Mechanik ist relativ schwer. Sie wird von oben mit einer Gewindehülse fest mit dem Kopf verschraubt. Ihre Gängigkeit ist einstellbar.

Abb. 137 Halbgeschlossene Mechanik

3. **Gekapselte Mechanik**
   Diese Bauart zeichnet sich durch ihr geringes Gewicht aus. Sie eignet sich dadurch und durch ihre kompakte Bauweise für 5- und 6-Saiter-Bässe. Die Gängigkeit ist einstellbar. Leider ist die Achse sehr dünn, wodurch dicke Saiten sehr stark gebogen werden.

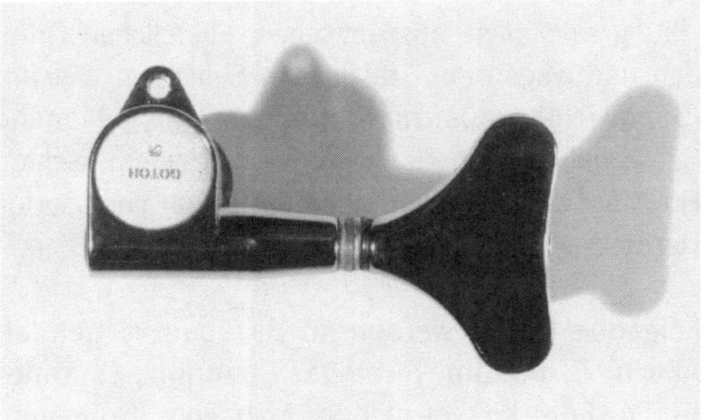

Abb. 138 Gekapselte Mechanik

5.4.2 Stege und Saitenhalter

1. **Einteilige Steg-Saitenhalter Kombinationen**
   Die üblichste Bauart ist der Fendersteg (vgl. Abb. 139). Jede Saite besitzt einen Reiter, der in Höhe und Länge verstellt werden kann. Die Saiten werden durch die Löcher in der L-förmigen Grundplatte gefädelt. Von verschiedenen Herstellern werden diese Brücken mit unterschiedlich massiven Reitern und Grundplatten angeboten. Die Firmen Schaller (vgl. Abb. 140), Gotoh und ABM stellen Brücken her, die nach demselben Prinzip arbeiten. Hier können jedoch noch zusätzlich die Saitenabstände zueinander eingestellt werden. Bei manchen Brücken werden die Reiter nach dem Einstellen arretiert, damit sie sich nicht durch das Schwingen der Saiten verstellen können.

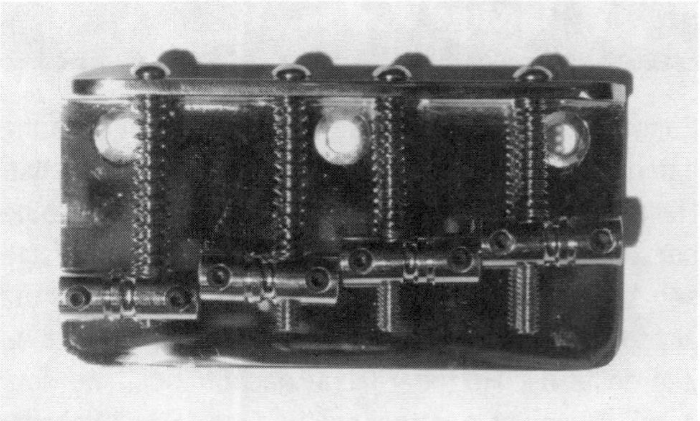

Abb. 139 Fender-Steg

Abb. 140 Schaller-Baß-Steg mit Rollen

2. **Steg und Saitenhalter**
   Hier sind Steg und Saitenhalter baulich voneinander getrennt, wie wir das auch von der E-Gitarre mit Tune-O-Matic Brücke und Stop-Tailpiece kennen (vgl. Abb. 141). Bei früheren Ausführungen konnte nur der gesamte Steg in der Höhe verstellt werden. Bei neueren Modellen lassen sich die Reiter in der Höhe einzeln verstellen.

Abb. 141 Steg und Saitenhalter sind getrennt

5.5 Die Saiten

Der Aufbau der E-Bass-Saiten ist relativ aufwendig. Um einen Stahlkern sind je nach Saitendicke eine oder mehrere Lagen Draht (Nickellegierung) gewickelt. Man könnte theoretisch auch eine Lage aus dickem Draht als Umwicklung verwenden, dadurch würde jedoch die Saite viel zu starr und rauh werden. Das mehrlagige Umwickeln ist zeitraubend und teuer. Das macht Dir vielleicht verständlich, warum E-Bass-Saiten viel teurer als Gitarren-Saiten sind.

Drei Saitentypen werden hauptsächlich verwendet:

1. **Round-Wound**
   Ein oder mehrere Lagen Runddraht sind hier um den Kern gewickelt. Der Sound ist sustainreich und brillant.

2. **Half-Round**
   Der gleiche Aufbau wie bei den Round-Wound-Saiten aber etwas glattgeschliffen. Der Sound ist weicher und es treten weniger Rutschgeräusche auf.

3. **Flat-Wound**
   Hier besteht die äußerste Umwicklung aus Flachdraht. Dadurch ist die Saite nebengeräuschfrei, hat aber auch weniger Sustain und weniger Obertöne.

Die Saiten werden in 4 Längen angeboten, damit sie für die gängigen Mensuren passen: x-long-scale, long-scale, medium-scale und short-scale.

Folgende Stärken sind erhältlich (in inch):

.035 - .090

.040 - .095

.045 - .100

.050 - .105

Die tiefe H-Saite für den 5-Saiter hat eine Stärke zwischen .120 und .140. Diese Saite ist sehr starr und schwingt dadurch nur mäßig. Einige Firmen bieten deshalb Saiten an, die nach dem Klaviersaitenprinzip gewickelt sind. Hier beginnt die Umwickelung erst nach dem Auflagepunkt am Steg, so daß die Saite freier schwingen kann (vgl. Abb. 142).

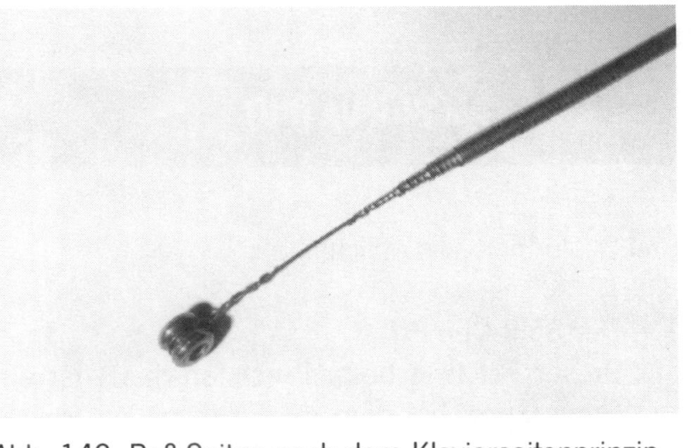

Abb. 142 Baß-Saiten nach dem Klaviersaitenprinzip

Wie ziehst Du Deine Saiten auf?

Folgendes solltest Du beachten:

- Die Saiten nicht knicken oder verdrehen.
- Die Saiten sauber von oben nach unten (zum Kopf hin) auf die Achsen wickeln.
- Nur das dünne Ende der Saiten, falls überhaupt nötig, kürzen.
- Saiten beim Hochstimmen nicht überdehnen.

Saitenlage und Intonation

Wie bei der Gitarre ist die Saitenlage von der Halskrümmung, der Sattelhöhe und der Steghöhe abhängig. Die Kontrolle und Einstellung entspricht dem Kapitel E-Gitarre (s. S. 62). Der Hals sollte hier in der Mitte zwischen 0.5 mm und 1,0 mm durchhängen. Eine normale Saitenlage hat hier ca. **2.5 mm** auf der **g-Saite** und **3,0 mm** auf der **E-Saite**, gemessen am 12. Bund. Die Intonationseinstellung erfolgt wie gehabt (s. S. 62).
Auch beim E-Bass ist die Saitenlage von Deiner Spielweise, Deinem Instrument und den Saiten abhängig.

Tip

Bei Stegen mit arretierbaren Reitern immer vor der Einstellung die Arretierung lösen!

5.6 Die Elektronik

5.6.1 Die Pick-up (PU)

Drei Bauformen sind üblich:

1. **Der Split-Coil PU**
   Dieser PU (wie beim Precision-Bass) ist ein Humbucker, bei dem die Einzelspulen jeweils zwei Saiten abnehmen (vgl. Abb. 143).

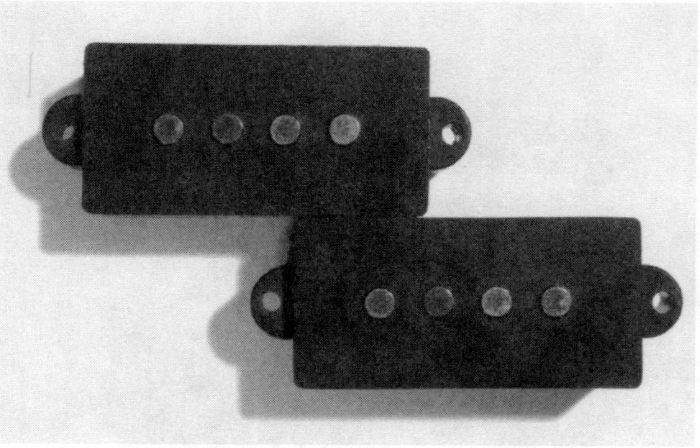

Abb. 143 Split-Coil PU

2. **Der Jazz-Bass PU**
   Dieser PU ist ein Single-Coil mit je zwei Magneten pro Saite. In Kombination mit einem zweiten PU entsteht ein Humbucking-Effekt (vgl. Abb. 144).

Abb. 144 Jazz-Baß-PU

3. **Der Humbucker für Bass**
   Dieser PU ist wie ein normaler Gitarren-Humbucker aufgebaut. Die aktive Version von EMG ist in die Steinberger-Bässe eingebaut.

4. **Die Soap-Bar PU**
   Von dieser Bauform gibt es verschiedene Ausführungen, die nur äußerlich gleich sind. Sie werden als Single-Coil oder Humbucker, aktiv oder passiv und für 4- bis 6-saitige Bässe gebaut. Einige haben auch durchgehende Magnetklingen, so daß sie für jeden Saitenabstand und jede Saitenanzahl eingesetzt werden können.

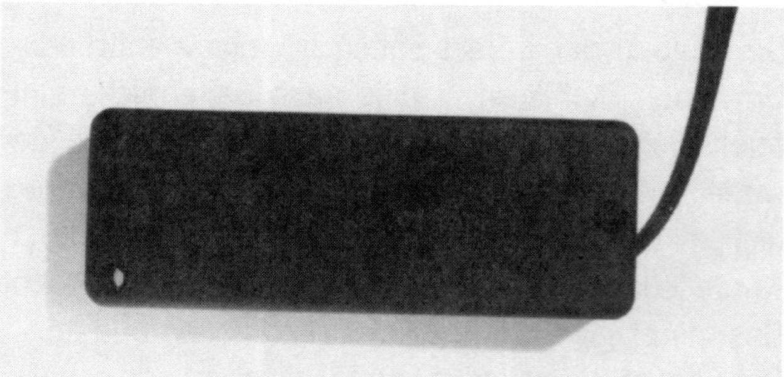

Abb. 145 Soup-Bar PU

Die einfachste Schaltung findet man im Precision-Bass. Dem PU sind ein Lautstärke- und ein Klangregler nachgeschaltet (vgl. Abb. 146):

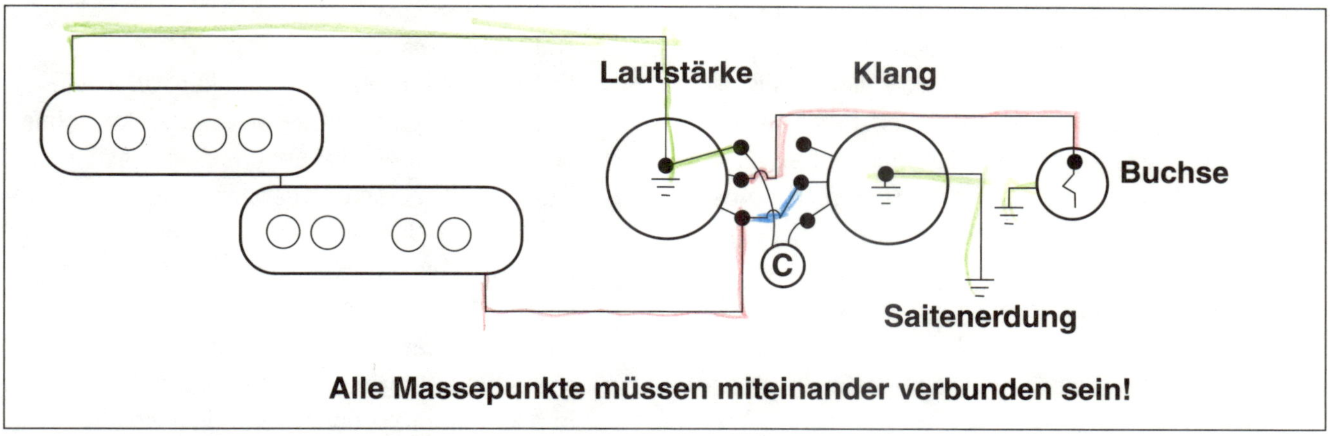

Abb. 146 Schaltbild des Precision-Bass

Der Jazz-Bass besitzt für jeden PU einen Lautstärkeregler und einen gemeinsamen Klangregler (vgl. Abb. 147):

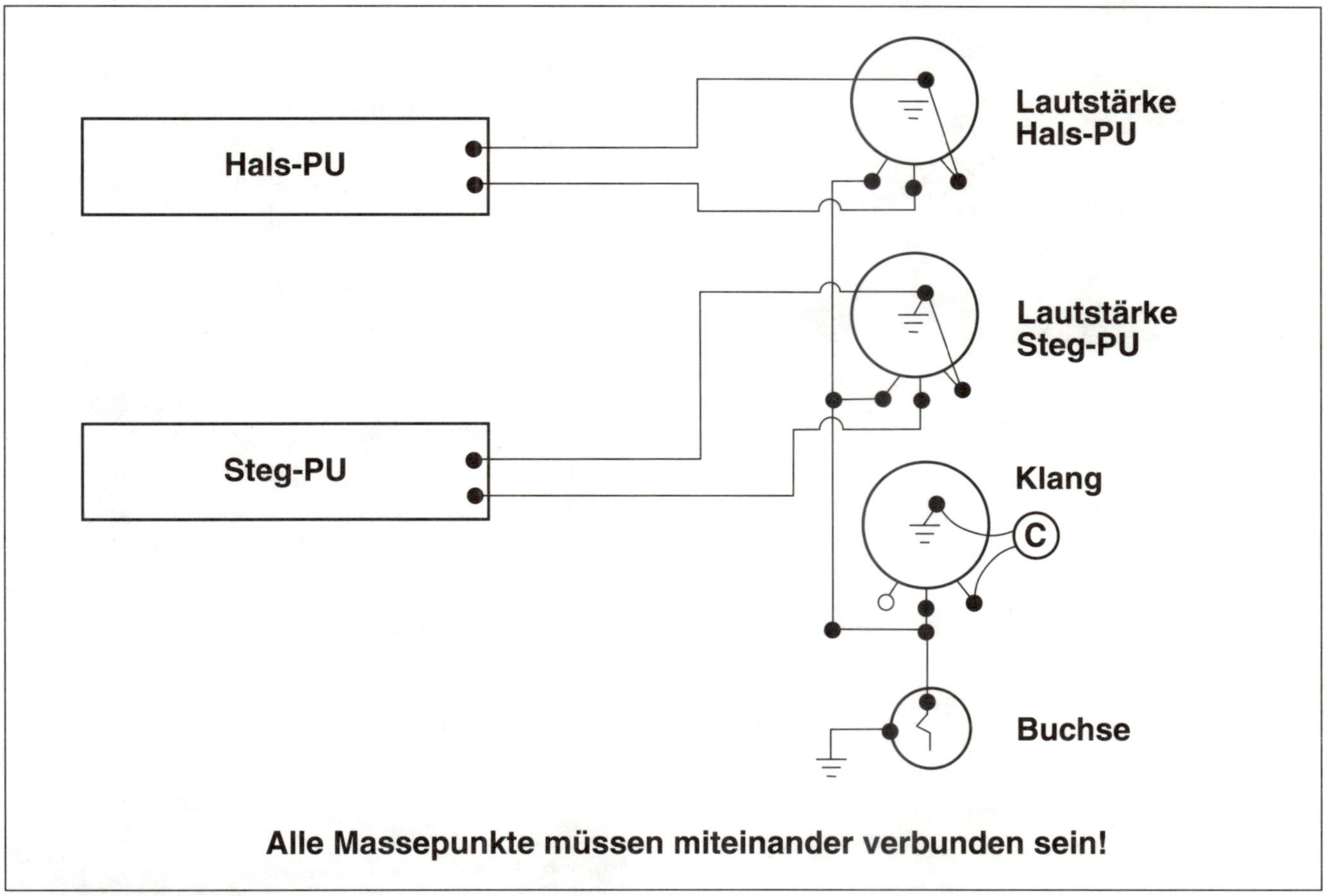

Abb. 147 Schaltbild für den Jazz-Bass

PU-Wahlschalter wie bei der Gitarre sind bei Bässen kaum zu finden. Für zwei PU haben sich hier Überblendregler durchgesetzt. Neben aktiven PU, bei denen der Vorverstärker mit dem PU vergossen ist, werden auch verschiedene aktive Klangregelungen und Vorverstärker in Kombination mit passiven PU eingebaut. Dies ermöglicht eine enorme Klangvielfalt auch mit nur einem PU. Nachteil von aktiven Systemen ist die Abhängigkeit von der Batterie. Manche Bässe lassen sich aktiv und passiv betreiben.

5.7 Tuning des E-Basses

1. **Elektronik**
Im Vordergrund steht hier sicher der Austausch der Tonabnehmer. Gerade bei billigen Bässen sind oft schlecht klingende und mikrophonische PU eingebaut. Für beinahe jeden Bass werden Austausch-PU angeboten, die ohne Holzarbeit in die vorhandenden Fräsungen passen. Ein Austausch der PU läßt sich also immer wieder rückgängig machen. Gute Tonabnehmer gibt es z. B. von Seymour Duncan, Bartolini, EMG, EMC usw. Wie der Austausch vor sich geht, kannst Du im Kapitel „Tuning von E-Gitarren" (s. S. 75) nachlesen. Alle PU werden mit ausführlichen Verdrahtungshinweisen geliefert.

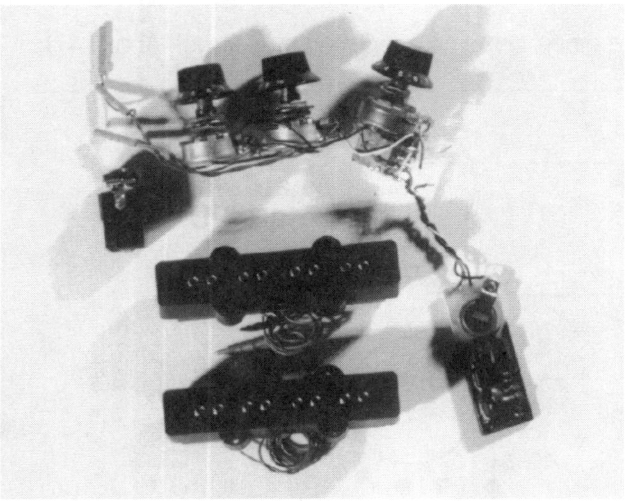

Abb. 148 Einbauset

Eine Möglichkeit, andere Sounds aus einem E-Bass herauszuholen, hast Du durch den Einbau einer aktiven Klangregelung. Du kannst diese entweder mit den Original-PU oder mit Austausch-PU kombinieren. Hier bieten einige Firmen (Bartolini, MEC, EMG) unterschiedliche Varianten an. Die meisten besitzen Überblend-, Lautstärke-, Bass- und Höhenregler. Einbauanleitungen werden hier grundsätzlich mitgeliefert. Bei Bässen mit nur einem PU kann es sich lohnen, den eingeschränkten Sound durch den Einbau eines zweiten PU zu ergänzen. Die häufigste Variante ist der zusätzlich in den Precision-Bass eingebaute Jazz-Bass PU. Diese Kombination ist so populär, daß sie von vielen Herstellern bereits serienmäßig angeboten wird. Die für den PU notwendige Fräsung kannst Du in Deiner Fachwerkstatt vornehmen lassen. Die Schaltung kann dann wie beim Jazz-Bass aufgebaut werden. Welche PU oder Elektronik für Dich in Frage kommen hängt von Deinen Vorstellungen und Wünschen ab. Dein Musikgeschäft oder Deine Werkstatt berät Dich sicher gerne.

2. **Die Hardware**
Ein Austausch von Mechaniken oder Stegen kann oft lohnend sein. Neue Mechaniken lohnen sich dann, wenn die Originale von schlechter Qualität, d. h. schwergängig, sind und zuviel Spiel haben. Von Schaller und Gotoh gibt es sehr gute Austauschmechaniken. Es ist sinnvoll, die gleiche Bauart zu verwenden.
Ein neuer Steg kann den Sound hörbar verbessern. Die häufig verwendete, wackelige Fender-Brücke mit ihrer dünnen Grundblechplatte, kann gegen eine stabilere, massivere Ausführung getauscht werden. Viele Austausch-Stege lassen sich in den Originallöchern festschrauben. Austauschstege werden von Schaller, ABM, Gotoh usw. angeboten.
Tip: Sollten die Befestigungslöcher nicht oder nicht alle vorhanden sein, mußt Du unbedingt die Löcher vorbohren (Schraubendurchmesser x 0.8 = Bohrerdurchmesser). Die Schrauben könnten sonst abreißen oder das Holz sprengen.

3. **Umbau von Bund-Bässen auf Fretless-Bässen**
Bundbässe lassen sich durch Entfernen der Bundstäbchen und Füllen der Bundschlitze mit Holzstreifen, zu bundlosen Instrumenten umbauen. Hierfür eignen sich nur Bässe mit Palisander- oder Ebenholzgriffbrett. Ahorngriffbretter sind zu weich. Diese Arbeit solltest Du einer Fachwerkstatt überlassen, da durch unsachgemäßes Entfernen der Bundstäbchen das Griffbrett beschädigt wird.

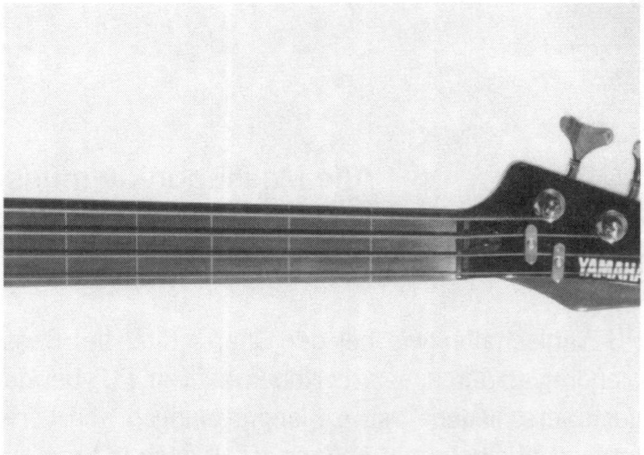

Abb. 149 Fretless-Baß mit Bundmarkierungen

6.

Anhang

zum Thema Reparatur, Bau, Modifikationen

- **Complete Guitar Repair** Hideo Kamimoto, Oak Publication (in englisch)
- **The Guitar Handbook** Ralph Denyer, Pan Books (in englisch)
- **Customising Your Electric Guitar** Adrian Legg, Amsco Publications (in englisch)
- **Build Your Own Electric Guitar** Bill Foley, GVM Publishing (in englisch)
- **Making an Archtop Guitar**, Robert Benedetto, Limelite Press (in englisch)
- **Elektro-Gitarren-Sound** Helmut Lemme, Pflaum Verlag, München (in deutsch)
- **Gitarre selbst gebaut** Peter Hromek, Tritonus Verlag, Tübingen (in deutsch)

Zum Thema Gitarrenmodelle, Gitarrenidentifikationen

- **Gruhn's Guide to Vintage Guitars** George Gruhn/Walter Carter, GPI Books (in englisch)
- **The Story of the Fender Stratocaster** Ray Minhinett/Bob Young, IMP (in englisch)
- **The Fender Book** Tony Bacon/Paul Day IMP (in englisch)
- **The Gibson Les Paul Book** Tony Bacon/Paul Day, IMP (in englisch)
- **The Rickenbacker Book** Tony Bacon/Paul Day IMP (in englisch)
- **The Martin Book** Walter Carter, IMP (in englisch)
- **The Bass Book** Tony Bacon/Barry Moorhouse, IMP (in englisch)
- **The Gretsch Book** Tony Bacon/Paul Day, IMP (in englisch)
- **Gitarren, alle Modelle und Hersteller** Tony Bacon, Paul Zsolnay Verlag, Wien (in deutsch)

Für Gitarren-Einsteiger, Fortgeschrittene und Profis

Der leichte Einstieg für den Rhythmus- und Solo-Gitarristen...
Volkmar Kramarz - **Die E-Gitarre**
Power-Rock-Akkorde, angesagte Rock-Riffs, Blues-Schema- und Improvisationsskalen, Balladenpickings u. v. a. Mit über 40 Takes zum Mitspielen auf CD, u. a. mit Songs von Deep Purple, Nirvana, Led Zeppelin, Gary Moore und Rolling Stones. **Ohne Noten, alles in Tabulatur!**
DIN A4, 136 Seiten, **mit CD!**
ISBN: 3-8024-0207-3

Grifftabelle für Gitarre
mit über 4000 Akkorden das optimale Nachschlagewerk für alle Gitarristen, die nach den gängigsten Griffen der Rock-, Pop- und Jazzmusik suchen.
Dazu Kapitel über Spieltechnik, Akkordsynonyme, Powerchords, Akkordableitungen und Literaturhinweise.
Im handlichen Format, DIN A5, 144 Seiten.
ISBN: 3-8024-0249-9

Stephan Schmidt
Das klassische Gitarrenbuch
Enthält 50 der schönsten Übungsstücke aus fünf Jahrhunderten in Noten und Tabulatur. Ideal für alle, die bisher Lieder begleitet haben und einen Einstieg ins klassische Gitarrenspiel suchen.
DIN A4, 128 Seiten, **mit CD!**
ISBN: 3-8024-0244-8

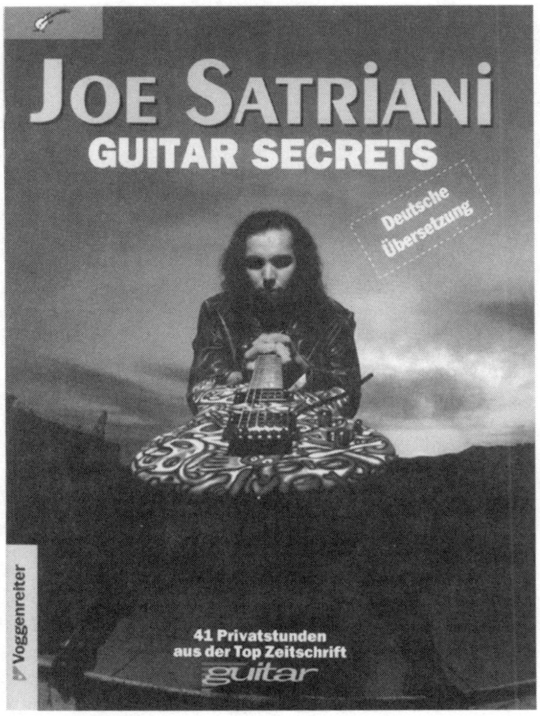

Joe Satriani - **Guitar Secrets**
Joe Satriani verrät in diesem Buch die Geheimnisse seiner außergewöhnlichen Gitarrentechnik. Autorisierte deutsche Übersetzung der bei Cherry Lane/USA erschienenen Originalausgabe. Zusammenstellung der Highlights aus der amerikanischen Zeitschrift „GUITAR For The Practicing Musician".
Folio, 48 Seiten.
ISBN: 3-8024-0227-8

Rodger Ryder
Das romantische Gitarrenbuch
Ein Spielbuch für das romantischste aller Instrumente. Mit Übungs- und Vortragsstücken aus Barock, Klassik, Romantik und dem 20. Jahrhundert, mit Noten und Tabulatur.
DIN A4, 148 Seiten.
ISBN: 3-8024-0143-3

Voggenreiter

MusikBücher der Extraklasse